# 税理士のための
# 医業顧客獲得法

医業経営研鑽会 編

西岡秀樹・近藤隆二
Nishioka Hideki / Kondo Ryuji

中島由雅・小山秀喜
Nakajima Yoshimasa / Koyama Hideki

著

中央経済社

# は じ め に

　私は2014年11月に『税理士・公認会計士のための医業経営コンサルティングの実務ノウハウ』（中央経済社）、2015年３月に『医療法人の設立・運営・承継・解散』（日本法令）、そして2015年６月に『自由診療・サプリメント導入実践マニュアル』（日本法令）とわずか８か月間で３冊というペースで本を出版させていただいています。

　さすがに疲れたので少しゆっくりしようと思っていた矢先、新規に顧問契約を結んだクリニックの会計があまりに酷く愕然としました。

　前任の会計事務所は医療専門をうたっていますが、医療業界に詳しくないのは決算書を一目見てわかっていました。しかし、まさかここまで酷い内容とは思っていませんでした。

　さらにほとんど同じ時期に、「地域でも有名な歯科専門の会計事務所から聞いた話が本当かどうか教えてほしい」という質問を受けたのですが、その話の内容はまったく事実に反し、医療関連法規を無視したものでした。

　医療専門をうたっている会計事務所は信用できないと痛感しているときに、付き合いで士業向けの交流会のようなものに参加しましたが、この交流会に士業向けの顧客獲得のハウツー本や営業セミナーを仕掛けている方々が参加しており、専門性を高めて差別化を図ったり、得意分野を絞って広報活動を行えば顧客は獲得できるといった営業の話ばかりで正直うんざりしました。誰一人として仕事の質を高める努力（スキルアップ）が大切という話はしません。

　医療専門をうたう会計事務所が急増しているのも納得です。士業は営業下手な方が多いので、顧問先が増えないことで悩んでいる方は多いと思います。

　そのような方にとって顧客獲得のハウツー本などは正しい道を示してくれる一筋の光に見えることでしょう。

　しかし現実はそんなに甘くありません。われわれ士業はノウハウを売り物に

(2)

しています。小売業が売り物を仕入れるように、われわれ士業はノウハウを仕入れなければなりません。つまりスキルアップを怠ってはならないのです。

　新規に顧問契約を結んだクリニックの例、歯科専門の会計事務所から聞いたという話の例、そして交流会のようなものに参加したことで、これから医療業界への参入を考えている士業や、すでに医療業界に参入しているがうまくいかず悩んでいる士業のために、営業とスキルアップの両立が重要ということを書いた本を出版すべきと確信しました。

　私は決断したら即行動に移すタイプです。2015年4月に本書の企画を出版社に提案し、6月に共著の皆さんを集めて最初の打ち合わせを行い、年内に入稿、そしてこのたびの発刊となりました。

　かなりタイトなスケジュールでしたが、共著の皆さんの協力のおかげで本書を発刊することができました。共著の皆さんとは私が会長を務めている医業経営研鑽会という団体で共に日々研鑽を積んでいる間柄なので、皆さんの実力は知っているつもりでしたが、本書の執筆を通じて、過去の苦労など今まで知らなかった一面も知ることができました。

　そして何より驚いたのは私も含めた4名の著者の方向性が一致していたことです。共著の場合、多少は方向性がブレるものですが、本書はブレがありません。ブレがない分、多少重複している箇所もありますが何卒ご容赦ください。

　最後に本書の執筆・発刊にあたり中央経済社の飯田宣彦氏には大変お世話になりました。突然本の企画を提案したにもかかわらず全面的に協力をしていただき、心より感謝しております。この場を借りてお礼申し上げます。

2016年3月

医業経営研鑽会会長

西岡秀樹

# 目　次

## 第1章　会計事務所の現状と病医院が税理士を選ぶ基準

1　顧問先の信頼を失った事例・2

2　医療専門をうたっている会計事務所の現状・9

3　病医院経営者が税理士を選ぶ基準・15

4　医療業界に参入して良かったこと、悪かったこと・22

5　病医院経営者や経理担当者のホンネ・27

COLUMN　自己満足的な説明をする税理士が多い・32

## 第2章　これから独立開業を考えている税理士が準備すべきこと

1　下積み経験は重要。苦労は買ってでもすべき・34

2　自分に投資すべき。セミナーや書籍は自腹で・38

3　勤務している会計事務所を退職するときに留意すべきこと・43

4　税理士・会計業務以外にも意識を向けるべき・48

COLUMN　在職中に自ら進んで情報誌の配信を提案・53

## 第3章　医療顧問先をゼロから1へ増やすノウハウ

1　セミナー・異業種交流会や執筆活動の重要性・56

2　自主開催してこそわかるセミナーのメリット・61

3　無料経営相談から顧問契約締結に至るためのPR戦略・65

4　他の税理士やコンサルタントと組んで経験を積む・69

5　顧問先獲得のための営業と知識の吸収の両立が重要・72

COLUMN　セミナーで上手に話すノウハウ・77

## 第4章 既存会計事務所が医療業界へ新規参入するノウハウ

1 顧問先を選ばず、どのような案件であっても引き受けるべき・80

2 最初の1〜2年は先行投資・85

3 新規開業病医院に的を絞って成功したケース・90

4 銀行とタイアップして顧問先獲得に成功したケース・95

**COLUMN** ドクターがお金持ちと思うのは大間違い？・101

## 第5章 顧問契約した病医院を離さないノウハウ

1 医療顧問先に対するサービス体制の強化・104

2 税務調査は税理士の力量が試される機会・115

3 申告書を見ただけでわかる間違いは顧問先の信頼を失う・120

4 医療業界に精通することが大切・128

5 事務処理ではなく付加価値に対して報酬をもらう・137

6 情報の価値と入手方法・144

**COLUMN** 地方の会計事務所の特徴と成長戦略・153

## 第6章 税理士とコンサルタントは共存できる

1 税理士業務とコンサルティング業務の違い・156

2 医療法人設立コンサルティングと士業との関わり・161

3 医療法人の解散・清算コンサルティングと士業との関わり・166

4 医業承継・ライフプランコンサルティングと士業との関わり・172

5 税理士のタイプ別に見る共存のあり方・176

**COLUMN** 診療科目によってドクターの性格は違う？・182

おわりに

# 第1章

## 会計事務所の現状と
## 病医院が税理士を選ぶ基準

# ① 顧問先の信頼を失った事例

## 1 顧問先の信頼は税理士業務以外で失うことが多い

### （1） 病医院経営者が相談のときに必ず言うこと

筆者は税理士として独立開業してからずっと医業経営コンサルティングに特化して活動しているので、今までに多くの病医院経営者から相談を受けてきました。

相談を受けるタイミングは、税務調査の後、医療法人設立手続の前後、分院開設手続の前後、M&Aを検討するとき、医療法第25条に基づく立入検査（医療監視）のときなど、何か新しいことを始めるときや行政による調査を受けるときが多いですが、どのタイミングで相談を受けたときも、税理士業務に対して不満があると言われたことはほとんどありません。

税務調査の後で相談を受けるときは、税務調査の日数が長引いて大変だったとか、修正申告による追徴税額が多くて困っているとか愚痴めいたことを聞かされることはありますが、それでもほとんどの方は税理士に責任があるとは思っていません。

おそらく税務調査で指摘を受けたことに身に覚えがあるので反論のしようがないか、税務署に指摘されたのだから仕方ないと諦めているのだと思います。

しかし、病医院経営者が相談のときに必ず言うことがあります。

それは「うちの税理士は医療業界に詳しくない」です。

### （2） 病医院経営者が税理士に求めていること

このように、病医院経営者は常に税理士に対して「医療業界に詳しくない」という不満を持っています。

しかし、税理士の本来の業務は税務申告、税務相談、および会計処理くらい

です。

　税理士試験にも税法以外の科目は簿記論と財務諸表論しかありませんし、日商簿記でも商業簿記、工業簿記、会計学、原価計算しかありませんので、一般的な税理士は税法と会計しか知らなくて当たり前です。

　それなのに、病医院経営者は、税理士に対して病医院経営に関する相談をしてきます。それは、税理士が一番身近な相談相手だからです。

　ですから、病医院を顧問先に持つ会計事務所、特に医療専門をうたっている会計事務所は医療業界について詳しく知っておく必要があります。

　病医院経営者は、税理士に対して、税務相談だけでなく病医院経営に関しても相談できることを求めていることを忘れないでください。

## 2　いっぺんに顧問先の信頼を失った事例

　顧問先の信頼を失うパターンは大きく分けて2つあります。

　いっぺんに顧問先の信頼を失うパターンと、少しずつ不満が溜まっていき何かのきっかけで一気に爆発して信頼を失うパターンです。

　まず、いっぺんに顧問先の信頼を失った事例を2つ紹介します。

### （1）　私利私欲のために顧問先を利用した事例

　この事例はクリニックの経営者から相談を受けたことで発覚しました。

　相談者はクリニックのほかに、顧問税理士の勧めで設立したMS法人（メディカルサービス法人の略。エムエス法人と読みます。病医院と取引をする目的で設立された同族会社のことを一般的にMS法人と呼びます）があります。

　相談者は筆者に相談に来た時点では顧問税理士にそれほど不信感を抱いていたわけではなく、ただMS法人設立後の資金繰りが以前に比べて格段に悪くなったので誰かに相談に乗ってほしかったそうです。

　相談を受けてわかったのは、MS法人設立の必要性が低かったこと、MS法人設立直後に加入した複数の生命保険が無駄であること、MS法人の本社として借りたテナントの家賃がまったくの無駄であることでした。

察するにこの顧問税理士は MS 法人設立の手数料、生命保険の紹介料、さらに MS 法人の顧問料が欲しいために、必要性の低い MS 法人を設立させ、不必要な生命保険に加入させたのだと思います。

さらに MS 法人の本社が必要だからと、使う目的もないテナントを借りさせたことも、もしかすると顧問税理士の顧問先か知り合いの不動産屋から借りさせたのかもしれません。そうだとするとテナントを借りさせたことも紹介料目的ということになります。

不必要な複数の生命保険料（いずれも長期平準定期保険）と不必要なテナントの家賃、さらに MS 法人の顧問料を支払っていれば資金繰りが悪くなるのは当然です。

この事実を相談者に伝えたところ激怒し、その顧問税理士との顧問契約を即刻解除するとともに、不必要な生命保険は解約しました。

たった 1 日で顧問先の信頼を失った典型的な事例です。

## （2）　無知から顧問先に多大な損失を与えた事例

医療法人を設立してクリニックを運営していた相談者が、顧問税理士に他県での分院開設を相談したところ、広域医療法人でなければ分院は開設できないと説明を受け、「すべて自分に任せろ」と言われたので任せたそうです。

広域医療法人としての認可を受けるためには申請書を出す前から分院予定地の賃貸借契約が必要となるので、分院を開設する 1 年くらい前から大家と賃貸借契約を結び、無駄な家賃を支払い続けました。

通常、広域医療法人の認可申請は 6 か月もあれば終わりますが、この顧問税理士は医療法人の認可申請に慣れていないのか遅々として申請が進まなかったそうです。その間にも相談者は分院予定地の家賃をずっと支払い続けていたにもかかわらずです。

あるとき、筆者が分院開設手続に関する講師を依頼されたセミナーに相談者が参加し、セミナー後に筆者に個別相談をしてきたことで、もっと早く分院が開設できたことが発覚しました。

第1章　会計事務所の現状と病医院が税理士を選ぶ基準　5

最初から筆者に分院開設を依頼していれば長くても3か月程度で開設できたことを知ると相談者は激怒し、その顧問税理士との顧問契約を解除しました。

相談者が受けた損失は家賃だけではありません。分院で働く予定のドクターやスタッフの給料も支払い続けていたので、顧問税理士の無知なアドバイスによる損失ははかりしれません。

## 3　少しずつ不満が溜まっていき、最終的に顧問先の信頼を失った事例

顧問先の信頼を失うのはほとんどがこのパターンです。

たとえば、税務調査がきっかけで税理士を替える場合であっても、税務調査そのものに対する不満というより、税務調査での税理士の対応がきっかけとなって今までの不満が爆発したというのが本当の理由だと思われます。

したがって、いっぺんに顧問先の信頼を失った事例のように、信頼を失った原因をはっきり特定することは困難です。

### （1）　不満が爆発したきっかけ

不満が爆発したきっかけは税務調査が最も多いと思われますが、それ以外では「いきなり高額の納付書を持ってきて、近日中に納付しろと言われた」ということがきっかけになったケースもあります。

このケースでも病医院経営者によく話を聞くと「あの会計事務所は以前からずっとそうだった」とか「前もって納税予定額を聞いたことがない」と以前から少しずつ不満を溜めていたことがわかります。

ほかには会計事務所側の世代交代や担当者変更がきっかけになったり、医療法人成りがきっかけになったケースもあります。

### （2）　少しずつ不満が溜まっていった原因

冒頭に書いたように、税理士業務が原因で不満が溜まっていくことはあまりないと思います。

あったとしても納税予定額の通知がない、計算間違いが多い、あれもこれもダメと言ってほとんど経費に落としてくれない、くらいです。

それよりも問題なのは「うちの税理士は医療業界に詳しくない」と思われることです。

病医院経営者が何を聞いても答えをはぐらかしたり、行政に言われたとおりのことを病医院経営者に伝えていると、不満を感じる方が多いようです。

税理士の説明に対して病医院経営者が納得したふりをして引き下がっていても、心の中では不満を抱き続けています。

最近はインターネットや書籍などで簡単にある程度の情報を入手できるので、病医院経営者はある程度の知識を持っていると考えるのが妥当です。

したがって、税理士がはぐらかして答えているかどうかは病医院経営者はわかりますし、病医院経営者の予想より下回った回答をしたときは失望されます。

また、行政に言われたとおりのことを伝言ゲームのように病医院経営者に伝えることも危険です。

行政は常に行政側にとって都合のいい解釈で指導してきます。逆にいうと病医院側にとって不利な指導が多いということです。

ふた言目には「行政がこう言っている」と説明し続けると、病医院経営者は「お前はどっちの味方なんだ！」となるわけです。

## 4　信頼を失った事例から学ぶべきこと

### （1）　利己主義的な行為は厳に慎むべき

信頼を失った事例から学ぶべきことは、まず利己主義的な行為は厳に慎むべきということです。

もちろんわれわれ税理士はボランティアで仕事をしているわけではありませんので、仕事をする以上、業務に見合った対価はいただきます。

しかし、業務に見合った対価とはとうてい思えない報酬を請求したり、紹介料などのバックマージンが目的で不必要な契約をさせたりする行為は厳に慎むべきです。

## （２） 知ったかぶりをしない

　次に信頼を失った事例から学ぶべきことは、知ったかぶりをしないことです。

　筆者も顧問先から筆者が知らないことを質問されることがたまにあります。

　とりあえず今までの経験や他の事例から推測して適当に答えておきますが、後で調べ直して、もし間違ったことを答えていたらちゃんと顧問先に連絡しています。

　間違いを訂正するのは一時の恥で済みますが、調べもせず適当に答えたままにすると後で手痛い結果になる可能性が極めて高いです。

　顧問先からの信頼を得るのは大変ですが、失うのは一瞬です。

　調べてもちゃんと理解できなかったり、自分ではできそうもないことであれば、別の専門家を紹介すべきです。

　医療業界に詳しくないのにホームページなどで医療専門とうたっているのも知ったかぶりをしていることと同じです。

　医療専門をうたっている会計事務所の現状については後で詳しく書きますが、目を覆いたくなるほどひどい現状です。

## （３） 価値の低い情報で仕事をしない

　最近の税理士業界は競争が激しく、資格を持っているだけで顧問先を獲得できるほど甘い世界ではないと思いますが、それでも資格を取ったことで日々の勉強をやめてしまった税理士はけっこう多いと思います。

　税理士という資格は顧問先に対して安心感を与える１つの材料であることは間違いありませんが、資格を持っているから良い仕事ができるというわけではありません。

　特に医療業界は税理士にとって未知のことがいっぱいです。

　前述したように最近はインターネットや書籍などで簡単にある程度の情報を入手できますが、簡単に入手できる情報は都市伝説的な根拠のない間違った情報が多いですし、仮に正しい情報だったとしても誰もが簡単に入手できる情報にはほとんど価値がありません。

インターネットで検索した、書籍を読んだ、セミナーに参加したといった程度の価値の低い情報で仕事を続けていると、いずれは顧問先の信頼を失うことになります。

少しずつでもよいので正しくて価値の高い情報をもとにした知識を深め、その知識を実務で活かせる見識を備えるための研鑽を重ねる努力をしてください。

（西岡秀樹）

## ② 医療専門をうたっている会計事務所の現状

### 1 医療業界に本当に詳しい会計事務所はごく少数

#### （1） 顧問先獲得のために医療専門をうたう会計事務所が急増

　最近、医療専門をうたっている会計事務所が増えています。Google で「医療　専門　税理士」というキーワードで検索すると約514,000件（平成27年7月17日現在。以下、検索結果についてはすべて同じ）、「医業　専門　税理士」で検索しても約78,400件もあります。

　それに対して税理士登録数は平成27年6月末現在で74,946名（日本税理士会連合会ホームページより）です。

　Google の検索結果には同じ会計事務所のウェブサイトが複数検索されていたり、税理士紹介サイトなども検索されるので税理士登録数より多くても不自然ではありませんが、Google で「飲食　専門　税理士」を検索すると約497,000件と、飲食を専門にしている税理士より医療を専門にしている税理士のほうが多いことがわかります。

　「相続　専門　税理士」の検索結果は約543,000件です。相続といえば税理士の本業というイメージがありますが、相続を専門にしている税理士と医療を専門にしている税理士の数がほぼ同じという驚くべき結果です。

#### （2） 医療専門をうたう会計事務所が増えた理由

　筆者が独立開業したのは平成12年ですが、当時は医療専門をうたう会計事務所はあまり多くありませんでした。

　医療専門をうたう会計事務所が増えた理由はいくつかあると思いますが、一番大きな理由は、税理士業界の競争が厳しくなって、税理士という資格だけで顧問先を獲得することができなくなったからだと思います。

実際にある団体が行った税理士の実態調査結果を見ても、約10年前に比べると会計事務所の平均関与先数は減少していますし、月額顧問報酬の平均額も安くなっています。

## （3）　士業をターゲットにしたサービスの増加

税理士業界の競争が厳しくなっていく中で増えているサービスがあります。

それは顧客紹介ビジネスと士業向けの集客・営業セミナーです。

顧客紹介ビジネスは得意な分野を登録するそうですし、集客・営業セミナーは「専門性を高めて差別化を図る」、「得意分野を絞った広報活動」などと話しているそうです。

つまり、本当に得意であるかどうかにかかわらず何らかの分野を得意分野にしている税理士が多いことが推測できます。

健康・医療分野は政府の成長戦略の１つに挙げられていますので、何か得意分野を挙げろと言われて医療を選択する税理士が多いのは自然な流れだと思います。

さらに、会計事務所への情報提供サービスも増えています。医療に関する最新情報、各種データベース、トピックスなどを会計事務所のウェブサイトに掲載できるサービスや、会計事務所の顧問先に対してメールマガジンなどを配信するサービスなどがあるそうです。

これらのサービスは病医院経営者など税理士以外の第三者からは、あたかもその会計事務所の独自のサービスのように見えるので、第三者が医療に詳しい会計事務所と誤認する可能性が高いといえます。

## 2　医療専門をうたっている会計事務所の現状

税理士業界の競争が厳しくなる中、専門性を高めて差別化を図り顧問先を獲得しようとして医療業界に参入する税理士は後を絶ちません。

筆者は医療業界に参入することを拒んでいるのではありません。しかるべき知識や経験のある税理士が医療業界に増えることはむしろ歓迎しています。

その証拠に、筆者は平成22年に、正確な知識、高い見識および社会的責任感や倫理観を持ったプロフェッショナルと呼べる医業経営コンサルタント育成を目的とした医業経営研鑽会という団体を設立し、医療業界に新規参入する税理士を応援しています。

問題なのは、しかるべき知識や経験がないのに医療専門をうたっている会計事務所が多い点です。

このような会計事務所が多いと、最終的に被害を受けるのは病医院経営者です。

前項で病医院経営者が税理士に対して「医療業界に詳しくない」という不満を持っていると書きましたが、病医院経営者の多くは医療業界に詳しい税理士と信じて顧問を依頼しています。

それなのに本当は全然詳しくないから裏切られた、騙されたと怒るのです。

## （1） 医療専門をうたっているのに実際は税務に関するアドバイスしかできない会計事務所

医療専門をうたっている会計事務所が病医院経営者の信頼を失うパターンを2つ紹介します。

最も多いパターンは、医療専門をうたっているのに実際は税務に関するアドバイスしかできない会計事務所です。

税務に関するアドバイスはちゃんとしているので税理士としては問題ありません。

病医院経営者も「税務申告はちゃんとやってもらっているが、医療にあまり詳しくない」とか「良い人なんだけど、あまり医療に関する相談に応じてもらえないのが難点」と全面的に批判することはなく、曖昧に言葉を濁す評価をする方が多いです。

要するに少しずつ不満が溜まっている状態です。何かのきっかけがあれば顧問契約を解除される可能性が高いといえます。

医療専門をうたっていなければ何ら問題はないのですが、医療専門をうたっ

ているので病医院経営者は医療業界に詳しい税理士だと思い込んで、何でも相談してきます。

　税理士も「知らない」と言えないので適当に回答するようですが、税理士とすれば適当に回答したつもりでも、病医院経営者からすれば「税理士のお墨付きがもらえた」と安心して堂々と間違ったことをやってしまうケースが多々あります。

　たとえば、病医院経営者が税理士に分院を出す相談をしたときに、「ドクターであれば誰でも開設者になれるので、勤務医を開設者として個人開設すればよい。後の税務処理はこちらでうまくやっておきます」と答えた税理士がいます。

　少しでも医療業界に詳しい方であれば明白な名義貸しによるクリニック開設ということがわかるはずです。

　厚生労働省は「医療機関の開設者の確認及び非営利性の確認について」という通知を出して名義貸しを禁止しています。

**【「医療機関の開設者の確認及び非営利性の確認について」より一部抜粋（アンダーラインは筆者）】**

　医療法第七条及び第八条の規定に基づく医療機関の開設手続きについては、特に、開設者が実質的に医療機関の運営の責任主体たり得ること及び営利を目的とするものでないことを十分確認する必要があり、これまでも昭和六二年六月二六日総第二六号指第二〇号健康政策局総務課長・指導課長連名通知（以下「昭和六二年通知」という。）により、ご配意いただいているところであるが、今般、医療法に基づく病院の開設・経営に当たって、開設者が実質的に病院の開設・経営の責任主体でなくなっていたにもかかわらず病院の廃止届を提出せず、当該病院が開設者以外の者により開設・経営されていたという事例が明らかになった。

　これは医療法の根幹に関わることであり、これらの事態は、開設許可時においても十分な審査と適切な指導を行うことにより、未然に防止できる事例も少なくないと考えられるので、今後かかることのないよう、開設許可時の審査に当たって、開設申請者が実質的に開設・経営等の責任主体たり得ないおそれがある場合及び非営利性につき疑義が生じた場合の確認事項、または、開設後に開設・経営等につき同

第1章　会計事務所の現状と病医院が税理士を選ぶ基準　13

様の疑義が生じ、特別な検査を必要とする場合の検査内容を、左記のとおり定めたので、開設許可の審査及び開設後の医療機関に対する検査にあたり十分留意の上厳正に対処されたい。

　また、同じく厚生労働省が出した「平成26年度の医療法第25条第1項の規定に基づく立入検査の実施について」という通知には下記のように書かれています。

**【「平成26年度の医療法第25条第1項の規定に基づく立入検査の実施について」より一部抜粋（アンダーラインは筆者）】**

カ．住民等から提供された情報に対する対応について

　住民、患者等からの医療機関に関する苦情、相談等については、医学的知見に関して診療に関する学識経験者の団体等に相談し、速やかに事実確認を行うなど適切に対応する。また、医師、歯科医師が行う医療の内容に係る苦情等について、過剰診療や名義貸しなどが疑われる場合には、必要に応じ、厚生労働省による技術的助言を得た上で、保険・精神・福祉担当部局等の関係部局との連携を図り厳正に対処する。

　名義貸しが発覚して医療法違反で逮捕されるというニュースは頻繁に出ているのに、税理士が堂々と「やってよい」とアドバイスする神経が信じられません。

　おそらく、その税理士は税法だけで判断し、医療法は一切無視しているのだと思います。

　名義貸し以外にも税理士が何気なく言った無責任な回答が後々大問題を引き起こした、または引き起こす可能性が高いものはたくさんありますので、安易な気持ちで医療専門をうたうのは避けるべきです。

## （2）　医療専門をうたっているが医療業界の一般的な常識すら知らず適当な会計処理と申告をしている会計事務所

　はっきりいってこのレベルの会計事務所は税理士としてもいかがなものかと

思いますが、実際にこのレベルの会計事務所はけっこうあります。

筆者の見聞きしている限りではこのような会計事務所の顧問料はかなり安いです。察するにアルバイトのような職員が流れ作業で会計処理をやっているのだと思います。

病医院経営者も、顧問料が安いので過度な期待はしていないらしく、このような会計事務所に対しては「医療業界に詳しくないけれど顧問料が安いから仕方ない」と多少諦めている感じがします。

しかし、腐っても税理士です。いくら顧問料が安くても税務申告が間違っているとは思っていませんし、会計処理も正しく処理されていると思っています。

ところが、実際は税理士でもないアルバイトのような職員が処理しているので間違いだらけです。

病医院がつけている窓口現金出納帳や通帳を無視して、すべて現金という科目１つでやっつけ仕事的に処理している会計事務所もありました。

通帳を無視しているので、一括繰上返済をした借入金なのに返済予定表のまま毎月の元利返済をしている形になっていたり、逆に新しくリース契約をして毎月リース料が通帳から引き落とされているのにリース契約の存在に気づかずに経費に計上していないなど、内容はめちゃくちゃです。

ここまでひどいケースは珍しいですが、自賠責収入を消費税の課税取引として無駄な消費税を納めさせていたり、医療法人なのに別表２「同族会社等の判定に関する明細書」を付けて申告しているなど、申告書を見ただけでわかる間違いをしている会計事務所は多々あります。

単純な記載ミスや数字の入力ミスは誰にでもありますが、明らかに税金面で損をしていたり、税務調査で指摘される重大なことに気づかずに申告をしているといずれ顧問先の信頼を失うことになりますので、くれぐれもご注意ください。

（西岡秀樹）

第1章　会計事務所の現状と病医院が税理士を選ぶ基準　15

# ③ 病医院経営者が税理士を選ぶ基準

## 1　院長先生の声に耳を傾けてみる

　筆者が病医院のコンサルティングを始めて10年以上が経ちました。この間にお会いしたクライアントは必ず税理士が顧問になっていました。

　さまざまなタイプの税理士がいましたので、この税理士がなぜ選ばれているのかという共通の基準はなかなかわかりません。そこで、本書の執筆にあたって、クライアントに税理士を選ぶ基準、望むことを聞いてみました。

　この中に病医院経営者が税理士を選ぶ基準のヒントが数多くあると思います。まずは、その声をご覧ください。

### （1）　東京都Ｔ医院Ｍ先生の声

　医者は会計のことは少しもわからないし、勉強したことがない人がほとんどです。このことをよく理解して対応できる税理士を選びます。

　税理士は税の専門家です。顧客の理解度、状況を理解して、最適解を提案してほしいと思います。

　具体的な案件の相談のときにさまざまな選択肢を提示して、違いやメリット・デメリットなどを具体的に説明してくれること、また、以下のようなさまざまなライフステージや環境の変化に応じた適切な提案をしてくれることも基準になります。

- 開業当初まだ若く、診療に目指すものがあり、大きな借入金があるステージ
- 開業から何年か経ち、借入金は減少したが、一方で体力が落ちてきたり、子どもの教育のことを考え始めるステージ
- 子どもが大きくなり、教育にまとまった資金が必要なステージ

- 医業の承継、診療所をどうするかを考え始めるステージ

このような事柄を理解して、医師にわかりやすい言葉で説明する手間を惜しまない税理士さんが求められると思います。

## （2）　神奈川県ＡクリニックＡ先生の声

開業以来（というか開業準備期間から）、税理士を替えたことはありません。ずっと同じ会計事務所にお世話になっています。開業コンサルタントの紹介で、もう20年以上のお付き合いになります。

医療に特化した専門チームがあることが強みで、いろいろあった私の人生に、税金の面からのアドバイスだけでなく、「こういう面から考えたらどうですか？」とか、「今、そのことを考える必要はないのではないでしょうか？」とか、「経費を計上するためには、その購入はあまり役立たないかもしれない」とか、ソフトにＮＯ！と言っていただけることがありがたいです。

事業がうまくいっていると、いろんなものに欲望が出てきます。お金の使い方に、その人の人柄や性格や器みたいなものが出てきます。若くして開業した私には、危ないときのブレーキ役をしていただけました。

ブレーキをかける役目というのは、なかなか勇気がいることかもしれません。さりげなくそういうことをしていただけることはありがたいです。顧問料等は高めの設定なのかもしれませんが、まあ、安心を買うコストと考えています。

## （3）　神奈川県Ｔ医院Ｔ先生の声

私自身は税理士に対して以下のような希望を持っています。

- 医療行政に精通して、法人化などの実績のある方
- 基本的に税務署寄りでなく、経営陣の利益に即してくれること
- 適切な節税対策をアドバイスしてくれること

たとえば、どこまで経費としてあげるか—節税をやりすぎればかえって税

第1章　会計事務所の現状と病医院が税理士を選ぶ基準　17

務調査の際に面倒になるなど。税務上グレーな部分をどう判断するかなど、具体的にていねいな説明をいただきたいと思います。

### （4）　神奈川県M医院M先生の声

　以前、ある税理士の講演をお聞きし、「税理士はきちんと会計報告をすることが仕事」ということがわかり、「自院の会計、成績をもとに次年度にどうするか」とか「理事報酬が適当かどうか」とか、その先の戦略、方針などを期待してはいけないし、それは税理士の仕事ではない、ということがわかりました。

　本当は、①きちんとした会計報告と、②その先の長期的な戦略の助言をお願いしたいと思いますが、そこは割り切って、税理士には①を、コンサルタントには②をみていただく、と決めております。

　実際は①②両方をお願いできる税理士は存在するのかもしれませんが、探す術がありません。

## 2　病医院経営者が税理士を選ぶ基準

　上記の先生方の声を見ると、人それぞれ税理士を選ぶ基準があるように思います。これら以外にも、さまざまな基準があると思います。とにかく節税をしてくれる税理士にお願いしたい、細かいことまで何でもしてくれる税理士にお願いしたいなど、表面的な基準は多くあるのではないでしょうか。

　筆者は以前、クライアントから以下のような税理士の紹介を依頼されました。

　「月次決算を毎月報告してくれて、できるだけ税金を少なくしてくれて（ここが最重点だったように思います）、給与計算、社会保険の手続きなどもお願いできて、顧問料は○○円（この業務内容を考えると非常に安い金額です）以下の税理士を紹介してほしい。」

　さすがにこのような要望は無理だと思いましたので、紹介することは控えました。

これは極端な例ですし、このような要望をそのまま受けることは難しいと思いますが、病医院経営者が税理士を選ぶベースとなる基準はあると思います。

まず、病医院の顧問になるには「医療業界、医業経営に詳しい」という基準は外すことはできませんが、この条件については他の項で詳しく説明していますので、この項ではそれ以外の基準についてお伝えします。

## （1）相手の状態・レベルに合わせてコミュニケーションがとれること

ドクターは多くの難関をクリアしてきた優秀な方々です。ですので、さまざまなことをよく知っていて、ハイレベルな話ができると思っている人がいますが、これは勘違いです。

どんなに優秀な方でも、学んだり、経験したことがないことは知りませんし、わかりません。

ドクターは医学部に入学してからは朝から晩まで医学・医療のことを学び続けています。卒業してからは勤務医として朝から晩まで休みも取れないほど忙しい日々を過ごしています。

こんな環境では経営について学ぶことは非常に困難ですし、まして税務について学ぶことはなかなかできることではありません。

このようなドクターが病医院を開院するということは、経営や税務には素人の人がいきなり経営者になるということです。これがいかに大変なことかは想像に難くありません。

また、開院してからも朝から晩まで診療をし、勤務医のときには関わることがなかった経営やお金、スタッフのマネジメントなど、さまざまなことに限られた時間の中で対応しなければなりません。

ですので、長年医業を経営されてきたドクターでも経営や税務のことはよく理解できておらず、現状や課題の把握ができていないことが多いのです。

もちろん、経営や税務に精通しているドクターもいますが、そのようなドクターにはそのレベルに合わせた話をしなければならないことはいうまでもありません。

重要なことは、ドクターのレベルを十分把握し、それに合わせた言葉や伝え方で話すことをさまざまな局面で意識してできているかどうかです。

　ドクターは顧問契約の提案時の質問の仕方や、説明の仕方をよく観察しています。そのときにこのコミュニケーション能力が試されています。自分のことをよく理解してくれて、理解・納得できる説明をしてくれる人かどうかが税理士を選ぶ基準になるのです。

## （２）　クライアントに寄り添い、クライアントと同じ方向を見ることができること

　ドクターが税理士に「税務署寄りではなく、自分の利益になることを第一に考えてほしい」と言うことがありますが、何でもいいからクライアントの得になることを行えばよいということではありません。

　目先の得になると思われることが、将来大きな禍根を残す、法律に触れてしまうなどというリスクを負うこともあり得るからです。

　ドクターには知り合いのドクターやさまざまな業者などから多くの情報が入ってきます。その情報が正しいこともあるのですが、往々にして一面的にしか見ていなかったり、税務上はまったく間違っていたり、解釈によっては間違いといえるような情報だったりすることがあります。いわゆる都市伝説のような情報に振り回されるドクターは非常に多いです。

　そのようなときにも正しい情報をきちんと伝えて、間違っているときにはドクターを正しい方向に導いてあげる必要があります。

　その情報が正しいかどうか、わからないときには真摯に受け止めて、調査をしたり、専門家に聞いたりして正しい情報を伝えることが重要です。自分の専門外であったり、よくわからなかったりすると適当な答えを返すだけで何の対応もしない税理士は結果として選ばれなくなってしまうことが多いようです。

　相談を広く受けて、クライアントの成果のために真摯に対応するという姿勢があるかどうかが税理士を選ぶ基準になります。

## （3） 医業経営のみではなく、人生設計なども一緒に考えてくれること

　ドクターが医業を行っている目的は、良い医療を行い、その結果自分や家族が幸せな人生を送ることです。

　そのためには医業経営とドクターの人生設計の両方に意識を向け、上手にバランスをとっていく必要があります（特に個人クリニックの場合は医業と個人の生活が一体化していますので重要です）。

　病医院の経営の数字の先には、ドクター個人の生活が連続しています。この数字でドクターの家計が回るのか、今後の生活がうまくいくのかどうか、ということはドクターの最大関心事です。

　日頃、忙しくてなかなか考えることができない人生設計のことを考え、サポートしてくれるかどうかが税理士を選ぶ基準です。

## （4） 現状の確認だけではなく、これからどうするかを考えてくれること

　毎月、月次の決算書を作り、きちんと説明し、理解していただく。これは大変重要なことです。

　ただ、これだけではドクターは満足できません。課題は何で、これからどうすればよいのか、1人ではなかなかわかりません。そのようなときに適切なアドバイスをしてくれる人がいればどれだけ安心できるでしょう。

　これは経営戦略といったようなことばかりではありません。これからお金がどのように推移していくのか、具体的には納税額やその納付のタイミングなども早目に教えてあげるということなども重要です。

　納税の直前に多額の金額を言われたり、年間の納税スケジュールを伝えていなかったばかりに、ドクターにストレスが溜まり、税理士に不満を感じるケースも多いようです。

　現状を認識して、早目に今後の対策や行動を考えてくれるかどうかが税理士を選ぶ基準です。

　これまで、病医院経営者が税理士を選ぶ基準の基本的な部分をお伝えしてきました。その他にも、顧問料が明瞭会計であること（事前に必要となる経費はす

べてお伝えする）、細かい話ばかりしない（必要に応じてする）なども大事なことです。

　これらの基準を満たしているかどうかは、実際に顧問にならないとわからないことが多いのですが、ドクターは間違いなくこのような税理士を求めています。顧問契約の提案をするときに、これらの基準を意識するよう心がけてみてください。

　ただ、自分の実態と提案の内容にギャップがあると後からドクターの信頼を失うことにもなりかねませんので、事実を伝えることが大事であることはいうまでもありません。

（近藤隆二）

# 4 医療業界に参入して良かったこと、悪かったこと

## 1　医療業界参入の動機

　本書を手に取られた読者の皆さんは、何らかのきっかけで医療業界に関心を持ち、どうにかして医療業界に参入したいと考えている方がほとんどだと思います。

　医療業界に縁もゆかりもない方や興味のない方は、本書を手に取ることはほとんどないはずです。

　おそらく一般的には、

- 医療業界は儲かっているのだろう
- だからここ十数年で開業が増えているのだろう
- 儲かっているのだからお金もたくさん持っているのだろう
- どんなに世の中が不況でも伸び続けているのだろう
- そのような業界だから、きっと一度顧問になったら高い顧問報酬を文句も言わず払い続けてくれるのだろう

といった気持ちを持たれているのではないかと思われます。

　たしかに当たっているところはあります。しかし、まったく当たっていないところもあるのです。

　本書は、少しでも医療業界の現実を知っていただき、そのうえで医療業界に参入していただくために書かれたものです。上記のようなことを想定して参入したもののまったくの想定外であり、参入したことを後悔することのないよう、少しでもお役に立てれば幸いです。

## 2 医療業界に参入して良かったこと

　筆者は、医療業界に物品納入している業者が顧問先にあったので、その顧問先から開業案件を次々に紹介していただいたことが、医療業界に参入したきっかけです。戦略的に医療業界に参入したわけではありません。

　結果的に医療業界関係の顧問先が増えてきたことから、十数年前に医療事業部を事務所内に発足し、ただ医療顧問先の数を増加させることよりももっと医療業界の知識、経営ノウハウを習得する方向にそのかじ取りを変えてきたことが、今考えると当事務所にとって一番の得策であったように思えます。

　結果として当事務所の医療業界へのサービス体制・品質強化につながり、医療顧問先が増加しました。

　ですから、これから書くことは医療業界に参入してからの結果であり、参入前から戦略的に考えていたわけではないことを最初に申し上げておきます。

【医療業界に参入して良かったこと】

- 医療顧問先は、ほぼすべて新規開業が成功し、健全経営が実現されている。よって新規開業の際に一緒に立ち上げた金融機関および取引業者との信頼関係が構築できた。
- 医療機関の健全経営が実現されているということは、適正な納税がなされ地域経済の健全な発展に大きく寄与している。これは、その地域の住民にその医療機関の役割が果たされていることにもなっている。
- 会計事務所として健全経営（納税意識の高い）の関与先が数多くあるということは、結果として会計事務所のステータスの向上につながる。特に金融機関や税務署等からの評価が高くなる。
- 医療機関が経営途中で頓挫することはめったにないため、年々、新規開業等で顧問先は必ず増加傾向となる。あわせて医療機関には関連する法人等があるため、そのことも顧問先の増加につながる。

- 健全経営がなされているため、会計事務所への報酬の支払いも滞留することがない。
- 医療機関の仕事では、おそらくすべてのドクターの相続の際に相続税等の仕事が発生する（生前中は贈与税等の仕事も発生する）。要は医療事業だけの仕事にとどまらず、ドクター個人の財産管理・リスク管理等の付随業務が次々に発生する。

## 3　医療業界に参入して悪かったこと

　筆者の地元には、経営方針として医療業界は顧問先に持たないというかなり伝統的な信頼ある会計事務所がありますが、見方を変えるとその会計事務所の方針は決して誤っていないと思われます。

　要は、医療機関を顧問先に持つことは会計事務所にとってのリスク発生要因がとても高まることにつながるということです。

　ドクターは、最高学府の最難関の医学部（または歯学部）を卒業し、医師国家試験（または歯科医師国家試験）に合格し、日々患者の命に向き合って仕事をしています。ドクターが診療を誤って患者を死なせることは絶対にあってはならないのであり、会計事務所が「少し計算を間違えました」などということは簡単に通用しない業界であることを十分に理解しなければならないのです。

　ドクターからのクレームについては、税理士が先頭に立って会計事務所が一丸となって解決にあたらなければなりません。それを担当者だけに任せたり、問題の先送りをしたり、適当に言い逃れをしてもドクターにはまったく通用しません。

　ドクターは日々患者の命と向き合って仕事をしており、医療事故を起こすことのないように常に緊張感をもって仕事をしていることを肝に銘じなければなりません。クレーム処理の良し悪しでドクターとの信頼関係が深まることもあれば、逆に顧問契約の解除につながることもあります。

　とかく税理士業界は、顧問先経営者は何でも言うことを聞くこと、そして立

場的にも下手をすると顧問先経営者のほうが下なのではないかと思っていることもありますが、医療業界にあっては、すべて逆となることを念頭に置かなければなりません。

仕事のスケジュール調整も最大限ドクターを優先して決めることになります。会計事務所の勝手は許されず、当然ながら毎月の打ち合わせも医療機関を訪問して行うことになります。ですから会計事務所の勤務体制は、医療機関に合わせることになります。

また、ドクターの要求水準について常に完璧でなければならず、適当な回答では知的水準の高いドクターにはすぐにばれてしまうものです。

ドクターは、会計事務所の担当者にも税理士と同様の水準を希望しており、資格のない担当者は実力がなければ馬鹿にされることは日常茶飯事です。

以上のように、会計事務所にとって医療業界の顧問先を持つということは、大変大きなリスクを背負うことになりますが、これは見方を変えると結果として会計事務所の経営体質を強固にしていることになるのです。

自動車業界で仕事をするには納期・品質・コスト面において相当高い要求水準を満たさなければ、競争に勝ち残れない、しかし自動車業界で勝ち残れば、他のどの業界でも勝ち残ることができる、とよくいわれますが、医療業界も同様です。

筆者もこれまで何度となくクレームを受け、もう医療業界を顧問先に持つことをやめようと思ったことは幾度となくありましたが、そのクレームを1つひとつ解決し、今となっては結果として事務所の経営体質の強化につながったと思っています。

したがって、医療業界に参入して悪かったことはないと考えています。

## 4　医療業界に参入するうえでの留意点

これから医療業界に参入するにあたっての留意点について触れてみたいと思います。

一言でいえば、税理士が覚悟をもってこの業界に参入することです。ただ目先の利を得るべくこの業界に参入しても、きっと1つ、2つのクレームでこの業界から退場を余儀なくされるでしょう。

　中途半端な気持ちではなく、本腰を入れて医療業界に参入し、

- あらゆる面で人一倍努力すること
- ドクターに対して、またその家族に対して精一杯役に立つこと

をあきらめずに実践していれば、きっと幸福の微笑みが訪れることと思います。

　本書を手に取られた方の中から1人でもそのような成功者が輩出されることを祈っております。

（小山秀喜）

第1章 会計事務所の現状と病医院が税理士を選ぶ基準　27

# ⑤ 病医院経営者や経理担当者のホンネ

## 1 人のことだと思って、気楽に考えているんじゃないの？

　筆者がクライアントから相談を受けて、ドクターと税理士との感覚のギャップに愕然とすることがあります。

　多くのドクターは、税理士が「利益が出ているんだから少々のことは大雑把に考えてもいいよね」という感覚で仕事をしていると感じています。

　先日、このような相談がありました。

　医療法人を設立したばかりの理事長からの相談で、「理事報酬が多すぎるのではないか？」と気にしていました。

　決算書を見ると、たしかに理事報酬が高額で医療法人にほとんど利益が出ずお金が不足して、理事長が法人にお金を貸していました。また、個人所得税の予定納税が多額なので、個人のお金も不足して大変ストレスがあるとのことでした。

　税理士に「予定納税の減額申請をしたい」と言っても、「今をしのげば後から還付される。還付には利子がつくから得なのでとりあえず納税してください」と言われたとのこと。

　その結果、法人にも個人にもお金が不足して、「本当に大変だ。利子なんかいらないのでお金が手元に残るようにしておけばよかった」と後悔していました。

　このクライアントからは今後の医業経営計画や人生設計などを聞いて、適切な理事報酬がいくらなのかを一緒に考えています。

　また、このようなこともありました。

　「医療法人に利益が出ているのに、毎月支払時期に口座のお金が不足するのでストレスが溜まっている。税理士に相談しても耳を貸してくれない」という

ことでした。

　試算表を見ると、たしかに利益は出ています。「この利益であれば支払いに苦労することはないのではないか？」と聞いてみると、「毎月の支払いのタイミングが診療報酬の入金の前にあり、多額なのでいつもこのタイミングでお金が不足する」とのこと。そのため、毎回個人から一時的にお金を貸していました。

　このクライアントでは解決策として、理事報酬を下げて利益を支払いが困らない程度に上げることにしました。

　また、決算の利益見込みがわかるのが遅く、納税額を伝えるときも事務的・機械的に「いつまでに納税してください」と言うだけで、ドクターは納税資金を準備して払うことにいつもストレスを感じている、というケースも多いです。

　医業経営が順調で利益が出ていても、資金繰りや納税などお金に関する苦労・ストレスを抱えているドクターがほとんどで、「少しはこの苦労を感じてアドバイスしてよ」と思っているのです。

## 2　あなたが税務署になってどうするの！

　ドクターの最大の関心事の1つに税金があることは間違いありません。筆者は税金に無関心なドクターに会ったことはありません。ドクターは税理士に対して節税に関する大きな期待を持っているのです。

　筆者は何が何でも節税が大事とか、複雑な裏技やブラックな方法を使って節税をすることが良いとは思っていません。また、大部分のドクターも同じような考えだと思います。適切な方法で、適切な節税を望んでいるのです。

　しかし、税金の世界にはグレーな領域があり、解釈によって経費になる・ならないなど判断が難しく、個別で考えなければならないことが多いように思います。

　一般にドクターは税金のことに関してはまったくの素人なので、税理士に対して、どのようなものが経費にでき、どのようなものが経費にできないかなどをていねいに教えてほしいと思っています。そして納得できれば正しい方法を

とってくれます。

このようなプロセスを踏まなかったばかりに、悲劇が起こることがあります。

開業1年後に税理士を替えたドクターがいます。

ドクター曰く「毎月毎月面談があって、『この領収書の具体的な内容は?』ときつく聞かれるんだよね。面談が近づくと、妻が暗〜い顔になるんだよね」。

その税理士にしてみれば、最初だからこそ、できるだけきちんとしておくことがゆくゆくはクライアントを守ることにつながる、と思ってやっていたのでしょうが、最初からきつすぎたようです。

また、このようなケースもありました。

大変温和で話のわかるドクターです。毎月、領収書を税理士に渡していましたが、税理士からはそれに対して何のコメントもありませんでした。税理士のほうで勝手に経費になるもの、ならないものを分けていましたが、ドクターはそのことを知りませんでした。

ある日、このことがわかり、説明を求めたところ、税理士は経費にならなかった領収書の束を前にして、一枚一枚なぜ経費にならないかを淡々と理路整然と説明しました。

そのドクターは説明が終わった後に、大変憤慨して「あんたが税務署になってどうするんだ!」と言いました。普段このようなことを言う方ではないので、大変驚きました。

これらの例は極端かもしれませんが、ドクターは税理士に税務署になってほしくないと思っています。

## 3 税理士に相談する気にならない

筆者はドクターから相談を受けた後に「なぜ、私に相談をしようと思ったのですか?」と聞くことにしています。ほとんどの場合、「相談する相手がいない」という答えが返ってきます。

それらの方々は100%税理士が顧問になっていました。つまり、正確には相談相手がいないのではなく、相談する気になる人がいないということです。

なぜ、相談する気にならないのでしょうか？

70歳代のドクターの相談を受けたときも、「税理士に相談する気にならない」と明確に言っていました。

その顧問会計事務所は地域ナンバーワンで、医療にも詳しく、税理士以外にコンサルタントもいて、さまざまな相談を受けることができる事務所でした。

その事務所は「何かありましたら、いつでも相談してください」と言っているとのこと。なぜ、相談する気にならないのでしょうか？

それは、聞いたことには答えてくれるが、先方からこちらが気づいていないことや注意しなければならないことなどを積極的にアドバイスしてくれることがないからです。

筆者のクライアントは「自分は何がわからないのかがわからない。医師は経営などに関して幼稚園児と同じだ。だから、何に気をつければいいのか、先を読んでリードしてほしい」と言います。

ドクターは「何がわからないのか」がわからないのです。それを理解したうえで、プライドを傷つけず、わかりやすく、ていねいにリードしてほしいのです。

## 4 良い医療をして、自分と家族が幸せになりたい

ドクターは朝から晩まで診療をしながら、医業経営に関するさまざまな事柄を処理しなくてはなりません。

体調が悪くても休めず、体にも心にも大きなストレスがかかっています。その仕事は普通の人間では耐えられないのではないかと思うほどハードです。

医業経営以外にも家族のこと、将来のことなどさまざまなことを休みなく考えていて、まるでスーパーマンのようだと思うこともあります。

ドクターを特別な人なので人の力を借りる必要はないのではないかと思っている人もいると思いますが、これは間違いです。

ドクターも人の子です。どんなに優秀な人でも学んだり経験したことがないことはわかりませんし、考えたり行動するにしても物理的な限界があります。

ですので、医療以外の分野ではわからないことや不安なことが山積みになっていてストレスが溜まっています。

　ドクターから相談を受けたときに、時々「先生は良い医療をしてご自分やご家族が幸せになりたいんですよね？」と聞くことがあります。そうすると皆さん例外なく、うれしそうな顔をして深くうなずきます。

　そのためには、税務だけではなく経営や人生設計などに関するさまざまなことを親身になって相談できる人が傍にいてほしいと強く思っているのです。

（近藤隆二）

## COLUMN

### 自己満足的な説明をする税理士が多い

　筆者はドクターと同席して税理士の説明や話を聞くことがあります。

　そのようなときに、「ドクターはこの説明の内容をまったく理解できていないだろうな」と思うことがよくあります。特に、税理士が専門用語を使いながら流暢に説明し始めた途端、ドクターの意識がフリーズし、硬い殻の中に閉じこもってしまう瞬間がわかることがあります。その後にはどんなに一生懸命説明をしても、ドクターは話を聞いてはいますが、意味を理解しようとはせず、ただただ退屈な時間に耐えているのです。

　少し極端な書き方をしましたが、こういうケースは非常に多いです。筆者は説明が終わった後にこっそり意味の翻訳をしてあげることがあります。気心の知れた税理士の場合は、話を途中でやめてもらい共同で説明をすることもあります。

　決算の説明をするときにありがちなのは、損益計算書・貸借対照表など複雑な書類をたくさん揃えて、ページをめくりながら専門用語を使って滔々と話をするということです。特に貸借対照表の説明はわかりにくく、「借方・貸方がどうの、こちらの数字がこちらに来て、こうなってああなって最終的にバランスがとれているんです。いい数字ですね」とか言われても、ドクターは何のことかわからず、でも、そうとも言えずしばらく沈黙の時間があったりします。

　個人クリニックの場合などは特に、細かい経営分析などはほとんど不要な場合が多く、キャッシュ・フローがどうなっているのか、収入や経費のトレンドがどうなっているのかなど、押さえるべきポイントは限られます。

　ドクターは、何が大事なのか、自分は何を知っておきさえすればよいのか、現在の課題は何か、これからどうすればよいのかを知りたいのです。

　ドクターがポイントを簡単に理解できるよう、ワンシートに資料をまとめることや専門用語を使わないわかりやすい説明をするなどの工夫が求められます。

（近藤隆二）

# 第2章

## これから独立開業を考えている
## 税理士が準備すべきこと

## ① 下積み経験は重要。苦労は買ってでもすべき

　一概にはいえませんが、税理士を目指す方は非常に独立志向が強いと思います。

　税理士資格を取得した後、個人事務所または大型の税理士法人等に勤務しているときも、常に独立を意識しているのではないでしょうか。この勤務中にいかに実力をつけるかが、独立後の成功のカギを握るのではないかと思います。

　税理士として独立開業するということは、会計事務所を経営するということです。どんなに税理士として高度な能力、経験または学歴等を持っていても、ただそれだけでは何にもなりません。誰も助けてはくれません。自らの力で顧問先を開拓し、契約し、お金をもらって初めて事務所経営が成り立つのです。そして、多少業容が増えてきたら、人の採用、教育もしなければなりません。

　実際には、独立した後に気づくことが大半だと思いますが、少しでも後悔しないために、以下、筆者の経験から感じたことを書きたいと思います。

## 1　下積み経験は重要。苦労は買ってでもすべき

　これから独立開業を目指す税理士にとってより重要となるのは、マルチな対応力を身につけるとともに、何かスペシャルな武器を持つことです。その意味で、前章で述べたとおり、医療分野に特化し専門性を掲げていくことは良い選択肢の1つかと思われますが、その選択をしっかりと実現するための「真の実力」をつけるには、何といってもたくさんの事例にあたり、経験を積むことに勝る近道はありません。

　殊に近年、医療専門をうたう税理士が増えている状況下においては、経験値に裏打ちされた実力を持つ専門家しか選ばれない時代が来ています。しっかりと下準備をし、開業後十分に戦える力を蓄えることが重要です。

## 2 勤務時代にすべき準備とは

　どの分野でも同様ですが、高い専門性は「ベーシックな知識」と「多くの現場経験」とで支えられています。そしてベーシックな知識をできるだけ効率的かつ正確に身につけ、さらに多くのさまざまな現場経験を積むには、書籍やセミナーで自ら勉強することに加えて、そんな機会が多く巡ってくる環境（＝事務所等）に身を置き、どんどん業務をこなすことが大切です。

　また、当初の現場経験には思い違いや失敗が付きものですが、それを容認してもらえる下積みの環境にあるのならば、その期間は十分に利用して成長の手段とするべきでしょう。

　医療業界の顧問先を持つ税理士が必要とする知識には、会計や税務はもちろんのこと、資金調達等の財務や人事労務、また業務改善や投資相談などのほか、制度や施設運営にまつわる行政対応など多様なものがあり、業界特有の問題などに対して、顧問先の最も身近な相談相手としてさまざまな知識やアドバイスが求められます。

　したがって、担当者として目の前の顧問先の課題に対し、業務外だからなどと手間を厭わずに多くのトライ・アンド・エラーをこなすことが非常に重要となり、その結果として自然に幅広い知識が身についていくことになります。

　知識をより深く掘り下げ、プロとしてのノウハウにできるかはその後の研鑽にかかってきますが、下積みで力を蓄える時代にいろいろな事例にあたり、経験値を積み上げていくことは、専門特化を志向する税理士にとって不可欠なアクションであるといえます。

　会計事務所勤務中に医療顧問先を他の担当者から引継ぎさせていただけた場合、その顧問先のことを徹底的に勉強させていただく機会を得たと考えたほうがよいと思います。どういう経緯で開業に至ったのか、どうやって開業立地を検討したのか、そのとき診療圏調査を実施したのか、また開業時に策定した事業計画はどのようなものだったのか、現状の経営はその事業計画と比べてどうなのか、果たして計画どおりか否かについて、計画と大きく異なる場合は、そ

の原因は何なのか等について勤務時間を離れて実務を勉強させていただく機会と考えればよいでしょう。

また、開業案件を最初から担当させていただければラッキーです。生きた教材としてできる限りの努力を惜しむことなく注ぎ込むことが大切です。当然、開業にあたって、ドクターは金融機関、設計士、建築業者、医薬品および医療機器業者、各種行政機関等と折衝する機会が相当数ありますが、極力、時間外でも休日でも同席し、学ぶと同時に関係機関の方々と連携がとれるような人間関係を結ぶべきです。

そして、できれば顧問先として他の担当者が嫌がるような病医院を自ら引き受けるくらいの度量も必要ではないでしょうか。勤務時代の対外的な責任は所長が負います。独立してからの責任は、すべて自分が負うことになります。独立してから発生した問題によっては、その事務所の致命傷になりかねません。

ですから、勤務時代に通常では遭遇することのない経験を積めば積むほど、そして、もし他人の嫌がるような顧問先から信頼されることになれば独立後の活動範囲は相当に広がると思います。

## 3　困難事例にどう対処すべきか

困難事例にあたったときに正面から真摯に対応し、最後まで解決に導く経験は、専門家としてだけでなく、社会人としての成長過程には欠かせないといえます。

仕事で厳しい状況に陥ったとき、人は誰しもその状況から脱するために全力で解決の糸口を探り、情報を集め、思考します。夜眠れないほど悩み考えることもあるでしょう。そのような状況はたしかに辛く、また理想的な結果に帰着するケースばかりではないのも現実かと思います。

しかし、そのような苦境に陥ったときにどれだけ努力して対応し成果をあげたか、その経験はその後に必ず自分を強くしてくれます。あのとき、あれだけの苦労を乗り越えられたのだから、それに比べたらこのくらいは、と考えられる経験を持てることは大変貴重なことです。そして、その苦境を乗り越えた後

には、必ず一段階成長したことを実感するときが来るはずです。さらに自分で苦労し身につけたことはしっかり血肉となり、その後の実務において必ず強い力となり武器となります。

　また、困難な事例は一般的でないことが多く、その事例を経験し知っているというのは、多くの専門家が手を出せないようなレアな事案に対してノウハウを持っているということにほかなりません。殊に医療施設運営に関しては、行政対応をはじめ一筋縄でいかないケースが多く、そこで苦しんで得た経験と成果が多いほど、他にないオンリーワンの専門家に近づけるといえます。


　困難はそれを乗り越えられる人のもとにしか来ない、ともいわれますが、困難を嫌なもの、できれば避けたいものとして対応していると、いつまで経ってもわずかな成長しかできません。困難を避けずにきっちりぶつかること、むしろポジティブに志願してでもトライして成長の糧とすることができれば、あなたの成長はそうしない人の何倍ものスピードで実現していくものと思います。

　できれば、勤務時代はその属する事務所に発生した諸問題について、すべて自分が当事者意識を持って事にあたればあたるほど経験豊富になります。自分の限界を取っ払う覚悟が大切です。

　苦労はまさに買ってでもすべきといえる所以です。

（小山秀喜）

## ② 自分に投資すべき。セミナーや書籍は自腹で

### 1　特殊な業界だが、特殊な知識だけでは不十分

#### （1）　独立開業前にまず覚悟を決める

　医療業界への参入を目指すとなると、そのハードルの高さに誰もが尻込みをしてしまうはずです。魅力的なターゲットであると漠然と理解しているつもりでも、どこから手をつけていいのか皆目見当がつきません。独立開業を同時に考えていればなおさらでしょう。

　では、一体何から着手すればよいのでしょうか。すでに開業している税理士仲間やコンサルタントに相談することが近道かもしれません。ところが実際には医療業界に強い税理士はなかなか見当たらないのが現状です。病医院の顧問先を1件も持たない税理士も少なからずいます。仮に身近に相談相手がいたとしても、漠然とした夢の段階や具体的に事業化案も煮詰まっていない状況で先輩方に相談時間を割いていただくのは「失礼にあたるのではないか」と尻込みしてしまうものです。実際、筆者も通った道であり、本書の意義もそこにあります。

　何事にも準備が必要です。皆さんの医療業界に参入する気持ちは揺るぎない確かなものなのでしょうか。途中で挫折しない自信はありますか。ドクターと末永くお付き合いしていけるでしょうか。その覚悟を強固なものにしていただくためにも、幅広く情報を集め、自分なりに精査し検討を重ねていただきたいのです。

　第1章の「③　病医院経営者が税理士を選ぶ基準」で触れたように、病医院経営者が税理士を選ぶ基準として「医療業界に詳しい」という前提は当然のこと、顧問先の状況に合わせた話の聞き方や説明の仕方、コミュニケーション能

力も試されているのです。ドクターにとっても病医院の経営は人生を懸けた大仕事であり、皆さんと同じくリスクを背負って毎日の激務に耐えています。税理士といえども、時には人生設計なども一緒に考えてくれる役割を期待されています。「一切をキミに任せるからやってくれ」とドクターに丸投げされることだってあります。税務や経営の相談のみならず、あらゆる局面において病医院経営者とともに歩むこと、その覚悟なくして医療業界への参入はないものと考えておきましょう。

## （2）　まず自分自身に投資することから始める

　何事にも準備が必要であると書きました。これまで述べたように医療業界に参入するには「覚悟」が求められます。そのための第一歩は情報入手であり、言い換えれば「自分への投資」です。

　医療業界はかなり特殊な世界です。インターネットでこまめに検索をしたり知り合いのドクターが開催する勉強会に参加させてもらうことでしか得られない情報もたくさんあります。そういった情報調達コストは想像以上に膨らみます。人によっては勤務先に支払ってもらえる方もいるでしょう。しかしながら、皆さんの求めていることは事務所のビジョンと一致しているでしょうか。先々になって後ろめたさを感じるようだと独立する気概も失われかねません。目先のちょっとした利益と、それにとらわれることによって失うもの。その大きさを比較して考えてみる必要があります。

　より良い情報収集のコツは、なにはなくとも「まず自腹をきる」ということです。筆者も年間で自由に使えるお金の１割を予算として自己投資を行ってきました。書籍やセミナー、交通費、懇親会費用など躊躇なく使ってください。たとえ１割消化できないとしてもその結果に悩む必要はありません。使い切ることよりも強い意志をもって自己に投資したという事実こそが重要なのです。すべては自信となって身についていきます。

　勉強する分野も多岐にわたります。現場では、税務や経営問題ばかりではあ

りません。たとえば、医療法人設立の認可申請や雇用関係助成金の申請など、あらゆる相談が寄せられます。これらは行政書士や社会保険労務士といった他の士業が得意とする業務ではありますが、忙しいドクターは目の前にいる皆さんを信頼して尋ねているのです。「それは業務外です」という回答は不誠実極まりません。そのように回答してしまうと「そうですか、わかりました」と仲間のドクターやコンサルタントといった別の方に相談をします。そうするとその別の方は「税理士ができないと言ったのですか？　それは怠慢ですね。替えたほうがいいと思いますよ」と答えるかもしれません。大袈裟かもしれませんが、関係そのものを失いかねません。

　そのような意味でも親身な対応が求められます。わからなければ後日回答するか、専門家を紹介するといった姿勢が必要でしょう。

## 2　人脈を築いて医療業界という高いハードルを越える

### （1）　人脈は医療関係者だけとは限らない

　そういった専門家をはじめとした人脈をどこで築けばよいのでしょうか。まずは、ありとあらゆる催しに参加することから始めるべきです。学会やセミナーは知識を深めるだけの場とは限りません。人脈を深めるという意味合いが強いのです。

　筆者が医療業界参入を考えていた矢先、歯科医の学会に出向いたときのことです。そのときは歯の咬合の力点といった物理の世界の話でしたが、あまりの専門的な話に戸惑うばかりでした。また、別の日に医療系セミナーに出席した際は、終日ほぼ臨床事例の報告ばかりで「無駄骨ではないか」と思い悩んだこともありました。けれども、学会に出られているのはなにもドクターだけではありません。数人ではありますが業者の方が参加していることもあります。そういった機会にMR（一口メモ参照）の方と接触することができました。少数派同士ですので、待ち時間に情報交換もさることながら意気投合することもしばしばありました。それが後々大きなご褒美となって返ってきました。

　開業前に築いておいたほうが望ましい人脈は医療関係者に留まりません。新

規開業医院の場合、内装や医療機器など数多くの出入り業者が訪問してきます。彼らとも親交を温めておくとよいでしょう。税理士は「税金とお金」という括りでは詳しくて当たり前です。それに加えて専門外のこと、たとえば内装工事について「動線への配慮がなされているか」、「施設基準を満たしているか」等のアドバイスや注意喚起ができれば、「キミはそんなことまでよく知っているね」と一目置かれる存在となります。巡り巡って本業への信頼感も倍増するというものです。

　病医院の新規開業は、立地の選定、銀行の融資から始まり、広告の出し方や職員の面接、就業規則等々の業務対応が、税理士が主とする記帳業務より先に来るものです。税理士の登場の順番は最後のほうといってよいでしょう。なかなか出番が回ってこないのです。その間に詳しいライバルが現れたら仕事を奪われてしまうリスクも計算に入れないといけません。食わず嫌いでなく、少しでも話のネタになるなら何でも身につけていく気構えが求められます。「顧問先のお役に立てるかな？」という点を常に意識しながら、知脈や人脈を広げていくのです。

　ドクターは診療の合間を縫って開業準備を進めるわけですから、すべての業者に応対をするにも限界があります。「信頼できるアドバイザー」としての地位を築ければ鬼に金棒です。「専門領域で営業をかける前に雑談で仕事が決まってしまう」。そんな感覚すらあることを覚えておいてください。

## （2）　ドクターの琴線に触れる説得方法とは

　もう１つ学会やセミナーの場で学んだことがあります。医療業界は何事もエビデンス第一主義ということ、ドクターは「目で見えるものだけを信頼する」という感覚を学んだことです。スライド写真を多用した〈使用前／使用後〉のような明快に判別できるプレゼンの形が標準的なのです。単なる情報提供では響かない、説得力が薄いのです。

　これはすなわち、ドクターを説得するには、具体的に視覚化して示すとよい

ということにほかなりません。仮に診療科目が異なっていたとしても、異なる地域の事例であったとしても、一般論を抽象的に説明するよりもはるかに説得力があるということです。とあるドクターは「私は『一般的に○○です』という説明が大嫌いです。その話は何例中の何件実施してそのように言っているのですかと質問したくなります」と言ってはばかりません。直接そのように質問されることは稀だとしても、心の中ではそのように思っているドクターが少なからずいることは無視できません。

　筆者も医療法人設立の相談を受けたときには、個人事業の院長の所得税・住民税・健康保険等の負担合計額と医療法人を設立した場合の個人の負担分に加えて社会保険、法人税の負担合計額を比較して税金がいくら下がるのか、具体的にデータを視覚化して提示するように意識しています。

　繰り返しますが、説明する際には具体的かつ明確に提示するのです。資料を用いる際にはその根拠資料や法令など出典も明らかにしておくと、提案する内容に信頼が伴い、効果的だということを記憶に留めておいてください。

(中島由雅)

一口メモ

**MR（Medical Representative：医薬情報担当者）**
　医薬品の適正使用のため、個々の医薬品に対する品質、有効性、安全性といった情報を医療従事者に提供することや医薬品を処方した後の情報収集が主な役割。日本の MR の多くは製薬会社に勤めていて、医薬品の営業担当の役割も担っている。

## ③ 勤務している会計事務所を退職するときに留意すべきこと

### 1　なぜ独立するのか

まず、なぜ税理士として独立したいのかを改めて考えてみたいと思います。

そもそも税理士を目指す方は、比較的独立独歩タイプの方が多いと思います。自分の夢を何としても実現したい、自分のやりたい仕事を自分のやり方で実現したいと強く願っていることが根本的な動機ではないでしょうか（「動機善なりや、私心なかりしか」という、稲盛和夫氏の有名な言葉もあります）。

しかし今の時代、独立するリスクは相当に高いです。そのリスクの高い道をなぜ選ぶのか、本人に相当な覚悟が要ると思います。独立してから後悔しないためにも、多方面から十分に検討すべきです。本書を手に取られた税理士の方は、独立にあたり医療業界に参入することを検討していると思います。これは、ある面で会計事務所の差別化、そしてある業種に集中・特化する意味で非常に大切なことだと思います。

当然、税理士個々人によって独立する理由は異なると思いますが、個人事務所に勤務している場合はその事務所所長と方向性やものの考え方が異なれば、いずれは退職せざるを得ないと思います（所長の考え方が変わることはまずないでしょう）。どうしてもその個人事務所を承継しなければならない場合は、所長と合わなくても当面我慢することになるでしょうが、その我慢の時間と、そのような制約条件を取っ払っていち早く独立する時間とを比較検討することになるでしょう。

総合的な大規模事務所に勤務している場合は、事務所の総合力を考えると多少勤務条件がハードでも税理士として自分のやりたい仕事を任せてもらえていればあまり独立する意味はないでしょうが、その事務所で相当に経験を積み実績をあげ実力が身につけば、顧問先側から独立を促されることになるでしょう。

独立にあたってはさまざまなケースが考えられますが、単なる思いつきやちょっとしたトラブルで、計画性もなく退職することだけは避けたいものです。退職によってこれまでいろいろとお世話になってきた方々にご迷惑をおかけすることは事実ですから、十分に時間をとり引継ぎをしてこれまでの恩返しをするつもりで事にあたるよう心がけることが望ましいです。

## 2　退職前後に留意すべきポイント

以下、退職前後に留意すべきポイントについて述べたいと思います。

### （1）　円満退社を心がける

「立つ鳥跡を濁さず」の諺どおり、去り際・辞め際にこそ人間性が表れるといわれます。

引き続き同じ業界で同様の仕事（それも、もしかしたら医療業界という狭い業界を顧客とする）をしていくわけですから、前職の所長やメンバーと税理士会をはじめいろいろな場面で引き続き関わりがあることも念頭に置いて、その後の対応に窮さないで済む対応をまずは心がけるべきでしょう。ただ目先の利益を追って、勤務先の顧問先あるいは社員を引き抜くようなことは、くれぐれもすべきではありません。

また、独立後の協力体制を取り付けていければ、業務上の情報交換のほか顧問先の紹介や引継ぎなどにつながることもあり得ること、さらにより有機的な連携がとれればスタッフ採用や研修を合同で行うなど、既存の組織力を共有することも考えられます。

どのように事務所を運営していくかにより、密な関係維持の是非の判断は分かれるところですが、お世話になった事務所に対してできる限り礼を尽くしてきれいに辞めることは、長い目で見て大変意味のある大切なことだといえます。

ただ、独立開業したらどんなに勤務事務所を円満に退社しても、当然部外者となることを意識しなければなりません。これまで隣同士の仲間に気軽に質問

第2章　これから独立開業を考えている税理士が準備すべきこと　45

していたことも簡単には聞くことができなくなりますし、当然ながら勤務事務所の事務室には入れなくなることになります。そのことを常に念頭に置いて退職準備をすることが大切です。

## （2）　自分なりの経営理念や経営方針を考える

　独立開業するということは、まず経営者になるという自覚が必要です。独立前ほど夢が広がり、将来における目標やこうありたいという理想の形が強くあると思います。念ずれば花ひらく。あなたが思っている以上には事務所は成長・発展しません。

　実際に開業すると、いろいろな業務に追われていつの間にか経営理念や経営方針が忘れ去られてしまうものです。開業前に自分なりの経営理念等を具体的に表現し、文章に落とし込んでおくことが大切です。そして何か生じたときにその原点に立ち戻ることが必要です。業容が拡大して人を採用するときもできる限りこの理念を理解してくれる方を採用すべきです。

　そして、開業時に事務所のホームページや案内物を作成するにあたっては経営理念等の表現は必須となることから、退職前の時間ができたときにじっくりと考えて練り上げることができれば、自分の事務所運営における方針の確認とともに営業ツールの作成にもつなげることができ、開業後の運営をよりスムーズに滑り出させることが可能になります。

　開業時は、コツコツ足元を固めてスタートし、やがて大きな夢に向かって飛躍していくことが望ましいです。

## （3）　事務所の運営ノウハウを身につける

　勤務している事務所の運営には、それまで試行錯誤して構築してきた仕組みや工夫の成果が現状の制度として表れ、機能しています。当然ながら権利関係の生じるコンテンツなどは厳にルールを尊重すべきではありますが、事務所の運営方針や仕組み、また工夫している点などは努めて客観的に分析し、そのエッセンスをうまく抽出し取り入れることで、それを自分の経験として活かす

ことができます。

　もちろん自分のオリジナルを追求することは非常に重要なことですが、先達が積み上げてきたノウハウをできる限り身につけ、そのうえでそれをさらに進化させていくことができれば、より良いサービスや事務所運営につながることになります。

　勤務時代と一番異なることは、社員の管理監督責任はすべて独立開業した税理士にあるということです。社員のとった行動のすべての責任を負うことになりますから、これまで培ってきた事務所の運営ノウハウが、是が非でも必要になります。

## （4）　少しでも経験値を上げておく

　勤務時代と最も大きく違うのは、独立後は最終決定をする立場になるということです。

　税務申告書の作成をはじめ、さまざまな業務における意思決定に自分以外の責任者がいないということは、自分の判断ミスがそのまま結果につながってしまうということであり、これはやり甲斐がある反面、当然大変厳しいことでもあります。

　そのような環境で最も必要なものは、やはり判断に資する経験とノウハウです。法人税申告等、一般的な通常業務においても経験頻度の濃淡はありますが、対応の機会が比較的少ないとされる相続税申告や組織再編等の特殊税務、税務調査、また医療顧問先における開業案件や法人設立・移行手続など、相談をしながら正解へアプローチしていく機会を、勤務中にできるだけ多く経験しておきたいものです。できる限り勤務中も、心の中では自らがすべての責任を負うという姿勢で仕事に取り組みたいものです。

## （5）　営業拠点先等とのパイプ構築

　顧問先獲得に際し、金融機関や保険会社、コンサルタント等の紹介ルートがある場合には、その紹介元と関係を築いておくことも大切です。これはパイプ

を動かすということではなく、複数ルートを拓いてもらうというほどの意味で、紹介元にとって信頼できる専門家のチャンネルが増えることは決してマイナスでないことから、業務面での信頼関係を構築できればいずれ紹介につながる可能性が高くなります。

ただ、世の中は思っているほど甘くはありません。会計事務所勤務中は良好な関係を築けていたと思っても、それは既存の会計事務所の看板で築けていただけであり、いざ独立したらまったく意思疎通が図れなくなることもあります。表面的な付き合いだけでなく、お互いに信頼し合える良好な人間関係をいかに築くかが大切だと思います。

また、特に開業当初はいろいろな人と幅広く会って自分の機能と特性を理解してもらい、紹介の間口を広げておくことも大切です。人の縁は本当に不思議なもので、目先の利益にとらわれず、きちんと誠実に対応を重ねることで意外なところから仕事に結実することが往々にしてあります。出会いに感謝し、長い目で成果を得るための準備をすべきです。

## （6） 関連資格を取得する、勉強する

開業して顧問先を持つ場合、税務以外にも専門的な知識を持つことは大切なことですが、営業戦略的にも税理士以外の資格を持つなどして、複合的なサービス提供ができる体制がとれればより競争力の上がる局面も出てきます。

ファイナンシャル・プランナーや宅地建物取引士などは税理士業とも親和性が高く、また収入に直結するケースもあることから、独立前の時間に余裕があるときに身につけることは効果的です。また、行政書士は医療顧問先に対する行政対応サービスの提供に非常に有効であり、その他にも活かせる資格は多様にあります。

もちろん、その専門家とのアライアンス（業務提携）で進めるほうが効率の良いケースも多いと思われますが、時間を活かして自分の実力を上げることは、独立開業前には非常に有効なアクションかと思われます。

（小山秀喜）

## 4 税理士・会計業務以外にも意識を 向けるべき

### 1　税理士を選ぶ基準は税務の知識だけではない

#### （1）　病医院経営者の実態とは

　まずはドクターの１日の仕事の流れを把握してください。夜勤等を除く一般的な臨床医の場合を述べます。朝の申し送りから始まり、カルテのチェックや機器のセットなど、慌ただしく診療準備を整えてから午前の診療が始まります。午前の診療が終わってもゆっくり昼食をとる間もなく、再び午後の診療へ。診療時間後も備品発注や器具点検、カルテや資料の整理、そして翌日の準備と、想像以上に激務に追われる毎日を過ごされています。さらに開業後であっても、休診日には大学病院での診療や、学会での研究発表を行っているドクターも少なからずいます。また、病医院経営者には経営者たる側面があります。通常の医療業務に加えて経営に携わる時間も確保しなければなりません。

　このように、ドクターが税理士と会う時間は、お昼休みのわずかな時間や診療後の夜間といった数少ない空き時間の、そのまたごく一部しかないのです。予定していた面談時間が袖にされるといった経験も一度や二度ではありません。目の前にドクターがいても、患者の状況次第、とりわけ急患ともなれば別の日に出直しが求められます。これが新規開業ともなれば、開業準備に多くの専門家や業者の方々が病医院経営者に殺到するわけですから、気の短い方などはそれなりの覚悟が求められます。「あらゆる顧問先で最も面談の時間がないのが病医院である」と言っても過言ではないのです。

#### （2）　頼られるべき存在になってこそ得られる顧問契約

　病医院の新規開拓に励んでいたとき、面談時間についてこのようなことがありました。医療機器業者から病医院を紹介されたときのことです。喜び勇んで

待ち合わせの時間に業者の方と合流し、その病医院の待合室で待つこと1時間。ようやく面談ができると思ったのも束の間、受付の方が「先生は外来が多くて時間が取れませんので」と言われ、病医院経営者と名刺交換だけしてその場を後にしました。その時間は1分にも満たなかったです。その後それっきり音沙汰もありません。業者の方からすると、このようなことは何も特別なことではないとのことでした。筆者も当初は「このような状況で医療業界へ参入しても仕方がない」と戸惑いました。何度も諦めそうになったというのが正直な気持ちです。

　ただし、物事を何でも否定的に考えていては仕事になりませんし、人としての成長も見込めません。プラス思考で捉えてください。

　多くの人と会う時間がないということは、仮に自分が信頼のおける相談相手として病医院経営者に認めてもらえれば、他のライバルを一切寄せ付けず、すべてを任せてもらえる存在になり得るチャンスがあるということです。目標はただ1つです。病医院経営者の信頼を勝ち得ることです。何でも相談に乗って的確な答えを導き出す専門家となることに精力を注げばよいのです。


　では、実際に病医院で求められる知識とはどのようなものでしょうか。勤務医が新規開業を考えているケースを例に挙げます。医療法人設立の手続きはもちろんのこと、物件選び1つとっても、競合施設の状況に始まり、ビルのテナントに入るのか戸建て開業か、家賃や敷金や保証金の相場はどの程度かといった不動産知識に直面します。医療機器の選定や費用、内装や外装の流行、集患のための広告宣伝の方法や文言ともなると、それぞれの専門知識に加えて医療関連法規に通じておく必要があります。把握事項は多岐にわたります。

　このような専門外の知識を積極的に身につけておくことが顧問先獲得において有効です。けれども、そうはいっても税理士にも時間の限界があることも事実です。すべてに対応することは不可能ですし、ミスのない提言を徹底していくことは至難の業であり、現実的でもありません。それでは、どのような知識の習得に努めればよいのか、さらに加えてどのようなノウハウを身につければ

50

よいのか、これから具体的に説明していきます。

## 2　「医療」、「お金」、「人」に関する知識は"鉄板"

### （1）　医療知識を学ぶことで一心同体の信頼確保へ

　病医院経営者から相談を受けるタイミングは、税務調査の前後や開業前後、M&Aを検討するとき、医療法第25条に基づく立入検査時など、何か新しいことを始めるときや行政による調査を受けるときが多いと述べてきました。どのタイミングでの相談であっても、医療業界に詳しい印象を持たれないと信頼を失うということは第1章でも述べました。

　歯科を例にとると、セラミックや金を使った詰め物は保険診療の対象外であることはよく知られていますし、歯を白くするためのホワイトニングなども保険診療の対象外です。出産を例にとると、正常出産なら保険診療の対象外です。大きな病院の初診料や高度先進がん治療なども対象外です。こういった一般常識に近い部分から医療知識を身につけていくことをまずお勧めします。


　病医院経営者と同水準の医療知識を習得していくことは誰も期待していません。病医院経営者から見て「この税理士は本気で仕事に当たってくれている」という信頼感を持ってもらうことができれば必要にして十分です。その結果、お互いに言いにくいことも積極的に打ち明けられる仲となっていき信頼感が増幅されます。「特殊な薬を仕入れて不良在庫となっていること」や「辞めさせた職員からの訴訟を抱えていること」等々、初対面では決して口に出さない内密事も、一心同体となって働く相手には「腹を割って相談したい」というのが病医院経営者の偽らざる本音です。彼らも万能な存在ではありません。悩みを打ち明ける相談相手を欲しているのです。


### （2）　融資について伝えるべきは金融機関の考え方

　筆者は勤務医の開業に力を入れていた関係もあり、銀行融資について数多くのアドバイスを行ってきました。金融商品の種類や利率、日本政策金融公庫の

紹介等はできて当たり前です。この種の一般論はコンサルタントなら誰でも伝えられるものです。

最も関心を示してもらった点は「金融機関が融資を実行するにあたり、どういった点を重視しているのか」、その金融機関なりの「考え方」に焦点を当てたものです。俗にいう「銀行の内幕」といったところでしょうか。確定申告書のどこを見ているのか、企業寿命をどう判断するのかといった総合知識です。以前は「医師免許さえあればお金を借りられる」との神話もありましたが、一部の診療科では一般企業並みの厳しさが求められている時代になったという話題については、病医院経営者は身を乗り出して聞いてくれます。

金融に関係する知識やノウハウは、自己資金の多寡や保証人、担保物件の有無等ケース・バイ・ケースなので、経験や実績に依存する部分も大きいです。そこでお勧めするのが、病医院経営者に同行して金融機関の相談窓口に出向いてみることです。理由としては多くの病医院経営者は融資に関しての経験が少ないからです。経験があっても住宅ローンのみというケースも少なくないので、融資係との面談への同行は病医院経営者にとって心強いので大変喜ばれます。また、税理士にとっても借り手の立場になって交渉する経験は自身の血となり肉となります。体を動かしながら知識を身につける姿勢を忘れないでいてください。とりわけ融資は顧問先の人生を左右する重大事です。「楽をして仕事をとる」といった態度は厳に慎むべきです。

## （3）　労務に関する相談が急増

解雇や配転、労働条件の切下げ、パワーハラスメントなど、医療業界の現場においても、採用から退職までさまざまな労使トラブルを抱えています。若いスタッフと通じ合わないというジェネレーションギャップに関する相談や仕事に対する考え方の相違なども増えています。メンタルヘルス対策も大きな課題となっています。従業員数50人以上の事業所にストレスチェックの実施を義務付ける「労働安全衛生法の一部を改正する法律（＝ストレスチェック制度）」が2015年12月1日に施行されました。それだけストレス問題が深刻になっている

ということであり、職場規律に関するルールやその基準がどうなっているのか、さらには教育体制について等々、病医院経営者１人では抱えきれないほど労務問題は多様化しています。

いまの時代、労務に関して「専門でないからわからない」では済まされないのが税理士です。労務管理や社会保険に関する相談・指導を行うことは社会保険労務士が専門です。しかしながら、病医院経営者ともなると、そういった相談をしたり、指導を受ける時間がないという状況は説明してきたとおりです。まず目の前にいる「あなた」に回答を求めているのです。顧問先が頭を抱えてしまっている姿を無視して、顧問などできるはずがありません。結論や具体的な解決策を語る必要はありませんし、万一の間違いがあっては失礼にあたりますので、「相談をうかがい、安心していただく」という姿勢を貫けばよいでしょう。聞いた内容について交通整理を行ったうえで、最終的には「餅は餅屋」、しかるべき専門家に任せることです。こうした判断力やノウハウを身につけていくことは、ある意味、知識以上に重要な点です。

税理士・会計業務以外に意識を向ける必要性をおわかりいただけたでしょうか。後に触れますが、日頃から紹介できる人脈を築いておくことも忘れてはならないポイントです。いざというときの自信にもつながりますし、彼ら外部の専門家から得られる情報こそが病医院経営者にとって有益な情報につながるからです。

（中島由雅）

第2章　これから独立開業を考えている税理士が準備すべきこと　53

**COLUMN**

## 在職中に自ら進んで情報誌の配信を提案

　筆者の独立開業後の年収は大雑把に書くと初年度1,000万円、次年度2,000万円、次々年度4,000万円と開業後3年間は倍のペースで増えました。

　このようにうまくいった理由の1つは「医業経営情報」という情報誌を発刊したことにあります。

　筆者は独立開業する前はある医業経営コンサルタント会社（以下、コンサル会社）に勤務していましたが、そのコンサル会社は情報誌やメールマガジンなどの配信をしていなかったので、顧問先向けのサービスの一環として情報誌の配信を提案しました。

　幸いコンサル会社の社長が「自分で書くのであればやってみろ」と配信を認めてくれたので、「医業経営情報」というタイトルで1か月に1度のペースで情報誌を配信していきました。

　もちろん執筆は通常業務外の時間で行いましたし、毎月のテーマも自分で考え、情報収集などもすべて自分1人で行いました。

　日本語ワープロソフト一太郎を使い、それをPDF形式にしてメールで配信する方法をとったので、配信コストは0円とコンサル会社の負担はまったくありませんでしたが、情報収集のために購入する書籍代やセミナー参加費等はすべて自分で負担しました。

　周りからは「自分から仕事を増やしてご苦労なことだ」、「どうせ誰もちゃんと読まないから書くだけ無駄」、「情報をタダで配信するのはもったいない」などと言われましたが、顧問先が興味を持ちそうなテーマを考えて書き続けているうちに、顧問先から「毎月の配信を楽しみにしている」、「今までの医業経営情報はすべてプリントアウトして保管している」といった声をいただけるようになり、中には「知り合いの病院にあげたい」とか「執筆中の雑誌記事に転載したい」という申し出までありました。

　「医業経営情報」の評判は上々でしたが、筆者が独立開業をする少し前にコンサル会社の社長から配信中止の要請があったので、社長と話し合った結果、「医業経営情報」は筆者の会計事務所で引き続き配信していくことにな

りました。

　当然配信先は筆者の会計事務所の顧問先だけになるので配信数は激減しました。そこで顧問先以外にも希望者に配信するサービスを開始したところ、予想以上に申込みがあり、結果的に配信数は急増しました。

　配信先から顧問契約の申し出をいただいたり、「医業経営情報」を読んだ出版社から執筆依頼をいただいたり、セミナー講師の依頼をいただくなど、「医業経営情報」を定期配信したことによる恩恵ははかりしれません。

　「若いときの苦労は買ってでもせよ」と言いますが、本当にそうだと思います。自分の時間を割き、自分のお金で情報を集め、自分自身の言葉でまとめることはとても有意義です。

（西岡秀樹）

---

## 医 業 経 営 情 報

### NO.88 病医院に対する指定取消や許認可取消

　平成21年12月25日に東京都西多摩郡の医療法人社団千住会が、東京都から医療法人設立認可取消の行政処分を受けました。

　この事は新聞でも報道されたのでご存じの方も多いと思いますが、記事の見出しに「医療法人、不正貸し付け」と書かれており、記事の内容も理事長個人への不正な貸し付けが理由で設立認可取消と書かれていたので、医療法人に理事長への貸付金がある病医院の理事長先生の中にはびっくりした方が多かったのではないかと思います。

　東京都が公表した医療法人社団千住会の設立認可の取消理由は下記の通りです。

> 　取消理由
> 　（1）から（3）までの法令等違反に対して、医療法第64条第1項に基づく措置命令を行ったが、是正措置がなされなかった。
> （1）当該医療法人は基金2年以上経過しているが、未だ定款に定めた事業を行っていない。
> また、事業開始に向けた実行性のある資金計画や具体的な運営計画が示されていない。
> （2）法人名義の借入金を個人債務の返済に充てており、剰余金配当禁止を規定する医療法第54条に違反している。また、その借入れを行う際に社員総会、理事会の決議を経ておらず、医療法人運営管理指導要綱に違反している。
> （3）医療法人の資金を理事長個人へ有利子で貸付けており、医療法第42条の医療法人の業務範囲を逸脱している上、さらに当該貸付金に関し、返済期限が経過しているにもかかわらず全く回収をしておらず、剰余金配当禁止を規定する医療法第54条に違反している。

　取消理由を読んでも頂ければわかりますが、理事長への貸付金＝不正貸し付けという訳ではありません。

　しかし、医療法人に理事長個人へ多額の貸付金がある病医院は、今後都道府県から「貸付金が病院で医療法人の設立認可取消になった前例があるので早急に解消するように」と指導を受ける可能性があるので注意して下さい。

　理事長個人への貸付金がある医療法人は、毎年少しずつでも理事長個人から貸付金の返済を受けるようにして下さい。上記取消理由の中にも「全く回収しておらず」と書かれているように、何年間も貸付金の金額が減らないのは好ましくありません。

　貸付金の減らし方については、医業経営情報No.83「医療法人が有している理事長に対する貸付金の消し方」にいくつか方法を紹介しているので、そちらをご覧下さい。

- 1/8 -

---

## 医 業 経 営 情 報

### NO.89 社団医療法人の社員退社時の出資持分払戻請求

　平成19年4月1日以前に設立された社団医療法人のほとんどは出資持分がある医療法人ですので、定款に「社員資格を喪失した者は、その払込済出資額に応じて払戻しを請求することができる。」と書かれているはずです。

　しかし、出資持分の払戻しに関することは定款に出すわずか一行程度の記載があるだけで、医療法人関係法令及び通知等のどこにも払込済出資額に応じた払戻額の算定方法も、払戻しの時期も一切書かれていません。

　このため実際に社員が退社した場合にどう取り扱ってよいかわからないという医療法人が多いようです。

　そこで今回は社団医療法人の社員退社時の出資持分払戻請求についてまとめてみました。

#### 払込済出資額に応じた払戻額

**1．払込済出資額に応じた払戻額を計算する指標となるもの**

　払込済出資額に応じた払戻額を計算するにあたり指標となるものが2つあります。それは裁判所の判例と税法上の規定です。

　まず、裁判所の判例ですが、平成7年6月の東京高等裁判所の会員持分払戻請求事件の判例が参考になります。

　この判例の判決理由は下記のように書かれています。

> 出資持分の払戻しの計算の基礎となる医療法人の資産の評価方法については、社団法人の定款になんらの定めもないときは、当該会員に対する出資持分の払戻し金額は医療法人の一部資産の売却を持つものであることに鑑みると、右の評価は、法人の継続資産を明らかにすることを目的とし取得原価を基礎とした帳簿価格ないし資産対照表上の交換価格によるものではなく、当該会員の脱退時（出資持分請求権の発生時）における当該資産の持つ客観的な価格によって算定すべきものと解するのが相当である。
> （中略）
> この場合の客観的な価額の算定は、いわゆる清算価額によるべきではなく、当該法人の事業の継続を前提として、当該資産を特定の事業のために一括して譲渡する場合の譲渡価格（交換価格）を標準とすべきものと解するのが相当である。
> （中略）
> 土地及び建物については帳簿の時価によることとし、その余の資産及び負債の額についても同日現在の貸借対照表上のそれを採用すること

> （高裁判例集第48巻2号165頁より抜粋。アンダーラインは筆者）

- 1/8 -

# 第3章

## 医療顧問先をゼロから
## 1へ増やすノウハウ

# 1 セミナー・異業種交流会や執筆活動の重要性

　医療顧問先がゼロの状態で、病医院の顧問契約をとるのは容易なことではありません。有力な紹介者がいれば別ですが、ゼロから1を生み出すには大変な労力を伴います。そして、1つ決まったからといって順風満帆に進むかというとそれもまた違います。患者の立場に置き換えれば、1件しか手術実績のないドクターに執刀してもらうようなものです。命を預けるならば、症例豊富なベテランドクターに頼みたいというのが偽らざる本音です。それほど実績や経験というのは重要で、お金で買えない財産であり、時間をかけて構築していくしかないのです。

## 1　セミナーや異業種交流会は宝の山

### （1）　セミナーの役割とは

　では、最初の1件を獲得するために何を行えばよいのでしょうか。どうしたらゼロから1へ増やすことができるのでしょうか。そこで活用していただきたいのがセミナーです。

　Googleで「セミナー　開催」というキーワードで検索すると約3,290万件もヒットします（2016年3月時点）。検索数がセミナー数ということではありませんが、日本の就業者数は6,399万人（総務省統計局／2016年1月労働力調査）ですから、人口に対しても実に多くのセミナー情報が巷に溢れていることがよくわかります。

　セミナーには必ずタイトルが付きます。タイトルがないセミナーを未だかつて見たことがありません。社員教育やファイナンス、自己啓発、インターネットやカウンセリング等あらゆる種類のセミナーには具体的なテーマが設定されます。「税理士のための税制改正セミナー」、「マイナンバー制度対応セミナー」、「独立開業セミナー」、「融資を引き出す事業計画作成セミナー」等々です。

まずは肩肘張らずに身近なセミナーに参加することから始めてみてください。ここでいうセミナーは本業に関するものとは限りません。医療・医薬・機器・IT・営業支援など幅広い分野を含みます。税務や会計業務以外の知識を広げるためにも効果的ですので、迷うことなく少しでも気になったセミナーがあれば出席してみるべきです。

1つポイントを挙げるとすれば「何か1つでもつかみ取ろう」という能動的な姿勢で参加することです。受け身の姿勢で参加するのでしたら書籍やネットで情報を得ることと大差ありません。中には退屈な催しもあるでしょうが、それでも会場でしか聞けない生情報や旬の話題を持ち帰ろうと行動を起こすのです。

人脈を培うことに対しても貪欲であるべきです。セミナー講師に顔を覚えてもらうために前方に着席する、質問時間があれば真っ先に挙手をする、名刺交換をする、お礼状を書くといった具合です。パネリストとして複数の方が登壇することもありますし、コーディネーターでもよいのです。あるいは隣に座った出席者の方でもよいでしょう。印象に残った方と接点を保つようにしてください。必ず貴重な発見や出会いがあるものです。病医院経営者に限らず、さまざまな方と連絡を取り合うべきです。筆者も数多くのセミナーに参加してきましたが、MRの方と知り合えたことが、その後の業務を決定付けるほど重要な機会となりました。繰り返しとなりますが、黙って座っているだけのセミナーに価値はありません。たとえ無料のセミナーであっても、貴重な時間を投資していることを念頭に置いて有効活用していきましょう。

こうして身につけた知識や出会った人々が少しずつ財産になっていきます。焦りは禁物です。過度な営業行為も控えましょう。名刺を渡した相手からしつこく電話をかけられるなど嫌な思いをした経験は誰にでもあるはずです。すぐに仕事に結びつけようとは考えず、気持ちよく連絡が取り合えるような関係を保っていくことです。

## （2）　異業種交流会で人脈を広げる

メールマガジンやフリーペーパーなどでは、異業種交流会情報もよく見かけ

ます。セミナー同様に、Google で「異業種交流会　開催」と検索すると約71万3,000件とセミナーより２桁も少ないヒット数となりました。理由はセミナーの反対で、潜在顧客が分散してしまい、ビジネスとしての魅力が大幅に薄まってしまうからでしょう。しかし、幅広い人脈形成は、皆さんにとって貴重な財産になるはずです。

　異業種交流会の中には月ごとにさまざまなテーマを設定していたり、地域を限定するなどセグメントを絞って工夫しているものもありますが、セミナーに比べると料金設定も低く、参加者のモチベーションも高いとはいえないかもしれません。

　ただし、幅広い人間関係を築くためには、異業種の方と親交を温めておくことは大切な財産になります。短期的にビジネスに直結するような捉え方ではなく、長期的な尺度で捉えていく場合には欠かせない集まりといえます。ビジネスの延長として来られる方も多いので、プライベートな交流や日頃溜まったストレス解消の場として機能するなど、セミナーには見られない特徴も多々あります。WEB 検索はもちろんのこと、フェイスブックやツイッター、メールマガジンなどが異業種交流会の情報入手手段として有効です。

## 2　執筆活動は実績につながる

### （1）　出版物で名刺に重みをつける

　執筆活動はゼロからの実績づくりへ導いてくれる強力な武器となります。士業の営業ツールとして書籍はなくてはならないものです。皆さんが税理士という専門家であることの証拠として、まるで水戸黄門の印籠のように書籍が機能していくからです。名刺を１枚渡すだけのファーストコンタクトと自分の本を添えての挨拶とでは、同じ初対面でもかなり印象が異なることはおわかりいただけるでしょう。

　執筆して出版にこぎつけるまでの敷居が高いことは確かですが、「名刺に重みをつける」ためには非常に有効な手段です。そのためのノウハウを紹介していきますが、「自分には無理だ」と決めつけないでください。税理士の皆さん

第3章　医療顧問先をゼロから1へ増やすノウハウ　59

が「数字は得意だが文章は苦手」というタイプが多いことは重々承知しています。だからこそ、それができさえすれば差別化につながり、顧問契約へのパスポートとなっていくのです。

　筆者も文章力を上げるために、一時期はブログを書くことを日課にしていました。日々、書くことを意識すると漫然と過ごさずいろいろなことに興味・関心を持つことができます。また、ネタを多数ストックすることもできるのでお勧めです。最初から専門的なことや高尚なことを書こうとすると、意識してかえって書けなくなりますので、はじめは文章を書く練習と考えて、稚拙だと思っても地道に書くことが文章力を上げる近道です。

## （2）　出版の仕組みを知る

　ひと口に「書籍」といってもさまざまな種類があります。書店に並べられている紙の本と電子出版という形態の違いもそうですが、著者にとって重要なのは契約面や金銭面による以下の分類です。ここでは大雑把に3つに分けました。

- 企画出版（商業出版）
- 協力出版（共同出版）
- 自費出版（個人出版）

　企画出版は、売れる見込みがあって製作費用から広告費まで出版社が一切合切負担する出版形態です。一般の方の作品が企画出版される可能性もゼロではありません。斬新な切り口の作品や有望な新人の発掘を出版社側も責務と考えているからです。協力出版は、著者と出版社が費用を折半して出版することで、双方がリスクを負う形です。自費出版は、費用を全額著者が負担する形態です。企業の広報出版物なども一種の自費出版といえます。

　自費出版ともなると、300万円近い費用がかかることもありますので、安易に手を出せるものではありません。まずはセミナー等で出版社の社員と知り合う、すでに出版経験のある同業者に相談してみる、「出版企画コンテスト」などに参加してみるなど、協力出版まではこぎつけるよう取り組んでみてください。その熱意がなければ本来の目的である顧問先を説き伏せることなどできま

せん。最近は人気ブログを書かれている方やSNSのフォロワーの多い方など
には出版社からのアプローチが頻繁にあります。費用対効果の面からいっても
執筆にチャレンジする価値は大いにあります。

　どうしても出版は難しいと尻込みしてしまう方にお勧めなのがハンドブック
の作成です。10ページ程度の小冊子であれば、印刷費用も安いですし、家庭用
カラープリンターでもそれなりに立派なものが作れます。
　筆者も以前、医療消耗品業者から病医院経営者と営業担当がゆっくりお会い
する時間を取ってもらえないので話題となるきっかけづくりがほしいと相談さ
れたので、病医院経営者向けの税金ハンドブックを作成して、販促品として寄
贈したことがありました。ハンドブックを配った結果、病医院に好評だったこ
とで業者との関係性がより深まったことはいうまでもありません。また、筆者
自身の営業活動にも大きな自信へとつながりました。

## （3）　どのような本を、どう書けばよいのか

　そもそも論になりますが、どのような内容の本をどうやって書けばよいので
しょうか。ここは単刀直入に営業先に喜んでいただけるコンテンツに絞るべき
です。文芸作品や趣味の分野も否定はしませんが、出版社がまず相手にしてく
れません。読者の皆さんは税務やお金に関する知識と経験は必ず持ち合わせて
いますので、成功事例に限らず失敗事例なども添えて出版社の扉を叩くのです。
言いづらかったことなども洗いざらい書いていきましょう。ときには懺悔する
気分になることもありますが、そうした言葉こそが人に訴えかけていきます。
　出版界随一のヒットメーカーである幻冬舎社長の見城徹氏は「作家は文章が
書けなくてよい」との旨を述べています。その真意は「本の中身となる唯一無
二の発想や経験のほうがよほど大事だ」ということです。「文章なんか編集者
が書けばよい！」とも断言しています。編集者はプロですので、皆さんの眠っ
ている才能をきっと引き出してくれるはずです。

（中島由雅）

第3章　医療顧問先をゼロから1へ増やすノウハウ　61

# ② 自主開催してこそわかるセミナーのメリット

## 1　自主開催セミナーの価値

　セミナーや異業種交流会の有効性についてはご理解いただいたことと思います。どのようなセミナーでも積極的な姿勢で臨み、「必ず何かを持ち帰る」という意気込みで参加すること、人脈に焦点を当て、講演者や主催者、参加者との接点を築くといった姿勢がキーであることは述べてきました。

　実はもっと重要なことがあります。セミナーや交流会に参加する立場から、自ら開催する立場になることです。皆さんが主催者としてセミナーを企画立案し、参加者を募っていくことです。ここでいう主催とは、裏方として翻弄することではありません。あくまでもセミナーの講師として主役に立つことです。先生と呼ばれる立場に変身するのです。このようなことをいうと「また高いハードルを掲げてきた」という声も聞こえてきそうです。「わたしには無理」、「面倒だ」という感想をお持ちの方もきっといらっしゃることと思います。

　もう一度振り返ってみてください。セミナーは世の中に満ち溢れた平凡な行事なのです。お茶会のように頻繁に行われている集まりです。最初は成功も失敗もありません。喫茶店にお客様を招いて雑談する気持ちでスタートしていけばよいのです。

　顧問先を獲得するには、セミナーの参加者よりも主催者のほうが有利なのです。セミナーの自主開催は事前準備や当日の対応といったさまざまな労力がたしかに必要となりますが、トータルで考えればずっと効果的です。

## 2　ドクター向けにふさわしいセミナー内容とは

　それでは、具体的にどのようなセミナーを開催すべきでしょうか。皆さんの得意分野や職場環境にもよりますが、病医院経営者に好まれるセミナーには共

通した特徴があります。「エビデンスがしっかりしていること」と「写真や数字で説明できること」。これらのポイントを押さえておいてください。

　病医院経営者は単なる精神論だけでは満足しないのです。たとえば、融資についての説明なら一般論は不要です。自己資金があるパターンとないパターン、リースを組み合わせたパターンなどを、「A医院」、「B内科」、「C歯科」といった実際の事例を挙げて説明することです。仮想ケースを取り上げることは極力避けましょう。「リアルな事例でないと病医院経営者には響かない」ということを肝に銘じておいてください。

## 3　セミナーを主催する具体的なメリット

### （1）　目的に沿ったテーマで開催できる

　自分の得意分野を堂々と打ち出して世に問えるのです。もう他人のセミナーを探し出して期限までに申し込む必要はありません。忙しいのにスケジュールを合わせて遠くまで出張する必要もないのです。自分の自由に設定をすればよいのです。

### （2）　参加者と直接関わることができる

　参加者同士は「横」のつながりにすぎませんが、講師と参加者の間は1対多の「縦」の関係となります。すべての参加者が自分の名前やプロフィールを理解してくださるのですから、名刺を交換する必要すらありません。「一度会った人」ですから、その後の訪問営業もスムーズに運ぶというものです。

### （3）　自分が教えを説き、お客様が教えを請う立場になる

　営業活動においては頭を下げる側だった自分が、先生として「教えを説き」、お客様のほうが「教えを請う」逆転現象が起きるのです。偉くなったなどと勘違いしてはいけませんが、セミナーの時間中は聴衆が終始自分の話に耳を傾けてくれるのです。このような機会はそう多くはありません。終了後の懇親会においても自分中心で進行していくことができます。

## 4　間違えてはいけない講師としての心構え

　セミナーを主催することには多くのメリットがあります。それも「やり方を間違えない」という条件付きです。一歩間違えれば信用を失ってしまうことも考えられますので、注意点を列挙しておきます。

### （1）「売り込み」を前面に表さない

　セミナーに参加していただく方にとっての興味はテーマにこそあれ、主催者の提供したい商品やサービスではありません。露骨な売り込み行為は厳禁です。講演内容を十分吟味し、参加者の側から「先生に相談をしたい」、「顧問になっていただきたい」と口に出していただけるような信頼ある存在となるよう努めるべきです。

### （2）　最初は少人数をターゲットとする

　風呂敷を広げすぎると後悔します。最初は5人集まれば上出来です。そのほうが密度の濃い話ができますし、緊張感なく話すこともできます。広告などを使って多くの人を集めたところで、契約に結びつくのは数人です。その数人とは最初に集まってくれた5人の中にいるものです。小さく始めて大きく実を結ばせるのが王道です。

### （3）　インパクトを残しつつ必ず時間内に終了させる

　直球で懐に飛び込むようなインパクトを残しましょう。「このままでは大変！」、「こんないい方法があったのか！」といった印象を残すのです。ありがちなパターンですが「時間がなくなってしまったのでこのへんで終了します」といった結びの言葉は慎むべきです。信頼性に関わります。仮に話し足りなかったとしても「本日お伝えするのはここまでとなります」と堂々と打ち切ればよいのです。

## 5 アフターフォローにも万全を尽くす

セミナーは終了した後が重要です。懇親会や親睦会など、直接対話ができる場を設けておくことです。病医院経営者同士は横のつながりが強いので、「あの先生と知り合いだ」、「彼はお酒が強いですよね」、「同じ大学だ」といった会話が弾むと、自分がどんどんと認められる存在になっていきます。

1日の日程を終えてからも勝負は続きます。アンケート用紙をもとに感想を聞くことも大切ですし、お礼を欠かしてもいけません。筆者の場合は医療情報レポートなどを送付することによって、見込客をカバーしています。1年後に名刺を見て電話をいただいたこともあります。

病医院経営者は私たちよりも同業者の声をよく聞く傾向にあります。顧問先が顧問先を呼ぶ理想的な展開を目指しましょう。

（中島由雅）

## ③ 無料経営相談から顧問契約締結に至るためのPR戦略

### 1 開業医と縁ができても、すぐに契約には結びつかない

　筆者は開業医の医業経営と人生設計の両面について考えながら、継続してサポートを行うコンサルティングを行ってきました。開業医との縁を作るために、これまでさまざまなことを行ってきました。

　具体的には、ホームページやブログを作ったり、動画を撮ってアップしたり、自社でセミナーを行ったり、他社主催のセミナーで話をしたり、ドクターが参加する会や勉強会に参加したり、クライアントや業界の人から紹介してもらったりして多くの開業医との縁を作ってきました。

　しかし、縁ができても、すぐに顧問契約に結びついたことはほとんどありません。すぐ契約に結びつかなかった理由は、ドクターがどのような経営ステージにいて、どのような課題があり、どのようなことで悩んでいるのかを十分把握できていないので、具体的な提案をすることができなかったからです。

　縁ができていきなりドクターが課題や悩みを話してくれることもありますが、そのようなシチュエーションはそう多くはありません。クライアントから紹介してもらった場合などは、ある程度の信頼関係がありますので、比較的話を聞かせてもらいやすいのですが、何の紹介もなく会ったときはドクターも筆者がどのような人間かわからないので、すぐに信用してくれるわけではありません。

　できた縁を顧問契約締結に結びつけるには、ドクターとの信頼関係を深め、本音の話を聞かせてもらい、その課題や悩みを自分が解決できるということを伝えて、契約するというステップを踏むことが有効です。

### 2 顧問契約締結の第一歩は無料相談から

　筆者はドクターから話を聞かせてもらう方法として、無料相談を受けていま

す（1回限定です）。

　無料相談を受けることで、ドクターの状況や、悩みなどをじっくりと聞くことができ、第三者の視点で課題や解決の方向性などを伝えることができます。

　相談に来たドクターは現状を把握できていなかったり、悩みや気になることが多く、1時間以上ずっと話し続けるということも珍しくありません。自分のことは自分ではよくわからず、相談相手もいないのでたくさんの細々とした未解決のことが蓄積して頭が混乱していることが多いようです。

　無料相談でドクターの状況や悩みなどをじっくり聞き、現在の課題や解決の方向性などを伝えると、ドクターからは「頭が整理できた」、「方向性が見えてよかった」などの言葉をいただきます。

　この段階で信頼関係ができ始めているのですが、もう1つ、無料相談の有効な点はお互いの人柄やフィーリングが合うかどうかなどを確認できることです。

　コンサルティングは課題発見や解決の能力も大事ですが、価値観やフィーリングが合うかどうかも、選ばれるための大きな要素です。

　時間をとり、本音でじっくりと話し合える無料相談は、お互いを理解し、信頼関係が結べそうかどうかを判断するために有効な方法です。

## 3　無料相談を申し込んでもらうための方法

　無料相談の有効性について述べてきましたが、何もしないで待っているだけでは申込みはありません。

　信用していない人に相談をする人はいないでしょうから、無料相談に申し込んでもらうにも、まずはドクターから信用してもらうことが必要です。

　クライアントからの紹介などのケースを除き、信用してもらうためには自分がどのような人間でどのような仕事をしているのかなどを、まず知ってもらう必要があります。

　筆者はそのためにさまざまなことを行ってきました。ホームページの充実、ブログでの事例紹介、動画でのノウハウ提供、メールマガジンでの情報提供、セミナーの開催などです。これらさまざまなことを行い、自分や仕事の内容を

知ってもらい、関心を持ってもらった後に無料相談の案内を行っています。

　ホームページからも無料相談を申し込めるようにしていますが、実際はあまり多くの申込みはありません。やはり、リアルな関係ができた後に直接無料相談を案内すると申し込んでもらいやすいのです。

　いろいろな手を打ちながら、その次には無料相談の案内をすることを習慣付けることが大事です。

## 4　無料相談を受けるだけでは顧問契約には結びつかない

　無料相談をして、すぐに顧問契約に結びつけることは簡単ではありません。

　無料相談をした後に、「勉強になりました。ありがとうございました」で終わってしまうことも少なくありません。

　無料相談の質に問題があったり、フィーリングが合わなかった場合には次につながらないこともあるでしょう。しかし、相談はうまくいき、フィーリングもマッチし、役に立てると感じていても次につながらないことがあります。

　その理由の1つとして、いきなり高額の顧問契約をすることにドクターが不安や抵抗を持っていることがあります。本当に顧問契約をしてもいいのだろうか？と不安を感じるのでしょう。

　そのようなときには、ハードルを下げて次のステップに行きやすくなる状況を作るようにしています。無料相談を受けて、課題や方向性がわかった気になってもドクター1人ではなかなか具体的な行動に移せないことが多く、せっかくの相談が無駄になっていることが多いのではもったいないですね。

　少しでも成果を上げるには、ドクターがすぐに行動できる環境を作ってあげることが大事です。

　筆者はこのために、無料相談の後に、期間を区切り、コンサルティングフィーを利用しやすい価格に設定した「お試しコンサルティング」を勧めたり、対策が明確な場合には、それにマッチする「パッケージコンサルティング」を勧めています。

　このようにハードルを下げ、目的が明確になっているサービスを案内すると

ドクターは利用しやすくなります。

　そして、このようなサービスを利用してもらうことによって、さらに信頼関係を深めることができ、次のステップの顧問契約に結びつく可能性が高くなります。

## 5　自分にマッチした方法を選択する

　ここまで、筆者が現在行っている無料相談を入り口にした顧問契約獲得の方法をお伝えしてきました。

　この方法は一朝一夕にできたのではなく、試行錯誤を行いながら出来上がったものです。そして、まだ完成しているわけではなく、現在も日々変更を加えています。

　筆者は国家資格を持っていないコンサルタントです。国家資格保有者である税理士と比べるとクライアントからの信頼感は低いかもしれません。そのため、このようなステップを踏んで顧問契約に結びつくように工夫をしています。

　税理士がクライアントからドクターを紹介してもらったときは、高い確率で顧問契約を結べます。また、素晴らしい営業力を持っていて、高い確率で顧問契約に結びつけることができる人もいます。

　そのようなときには、このようなステップを踏まず、ダイレクトに顧問契約を勧めるといいですね。

　大事なことは、自分にとってうまくいく方法を見つけて、その方法を採用することです。世の中に出回っているさまざまなマーケティング手法やノウハウの中には、「簡単にできる」、「誰でもできる」、「これさえやればOK」などというものがあります。

　もちろん、そのような手法、ノウハウでうまくいく人もいますが、それはたまたまマッチしたということですし、多くの人はうまくいっていません。

　自分のタイプや強み、現在うまくいっていること、使える時間やお金など現状を冷静に把握して、自分独自の方法を作り上げていくことをお勧めします。

（近藤隆二）

## ④ 他の税理士やコンサルタントと組んで経験を積む

### 1　外部の専門家とネットワークを築く

#### （1）　実績のなさを協力者のキャリアで補う

　医療業界に新規参入するには実績が大きくモノをいいます。しかし、人脈が広がっていくと、たとえ新参者であったとしても「実績のなさを協力者のキャリアで補う」ことができるようになっていくのです。餅は餅屋であり、すべての業務に精通する必要はありません。各分野に詳しい協力者を得て業務にあたることで顧問先の要望を最大限に叶えることができるのです。

　その道の専門家というのは話し方ひとつとっても実に見事です。専門用語を使わずに上手に話すものです。素晴らしいプレゼン資料を目にして学ぶことができます。どんな雑談から切り出していくのかを学ぶこともできます。クロージングの決めセリフや契約書のフォーム、専門性の高いホームページの作り方やアフターフォローなど、仕事をしながら勉強させてもらうことができるのです。こうして自分の経験値を上げていくことができれば、自然と病医院経営者からの信頼も厚くなっていきます。

#### （2）　協力者を含め1つのチームとして捉える

　幅広い知識を身につけ、協力者のネットワークも広がってきたら次の段階へと進みます。大きな発想の転換をしてみるのです。

　従来型の人脈の捉え方では、いつまで経っても自分は未熟者で、外部に詳しい専門家を知っている存在にすぎません。そこで、人材が外部にバラバラに点在するという考え方から、会社の枠を超えて広い意味で顧問先に貢献するチームを作るという考え方へ発想を転換してみるのです。

　図のように、Aさん、Bさん、CさんおよびD社を、自分を中心とした1つ

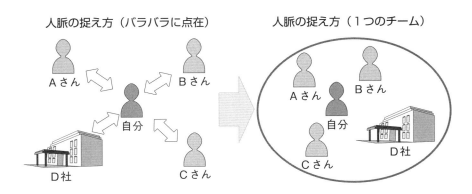

の環の集合体に取り込んでみてください。すると、1つの強力なチームが誕生するわけです。何の実績もなかった自分が、実績や経験も豊富であらゆる分野に対応できるチームを率いている図式が出来上がります。

単なる思考マジックではありますが、こんな発想の転換ひとつで病医院経営者に対しても気後れすることなく、堂々とわたりあっていけるとしたら儲けものといえるでしょう。不安や焦燥感を抱いている専門家に仕事を依頼する顧問先はいません。持つべきは自信です。自信とは顧客のために最大限貢献できるという意思の表れです。

ただし、この1つのチームとする考え方は他者を利用するという気持ちではなく、相互に補完する関係である必要があります。自分自身がチーム内で他のメンバーに貢献する意識がなければ強力なチームは成り立ちません。

経験が浅いときはチームのメンバーに面倒をかけるかもしれませんが、ゆくゆくは実力をつけて誰よりもチームに貢献するという気概が不可欠です。

## 2 ワンストップで対応にあたる核となる

### (1) 病医院経営者の"ハブ"機能を目指す

病医院経営者は大変忙しく、多くの方と綿密に打ち合わせをする時間は持てません。診療の合間を縫って綱渡りのようなスケジュールを組んでいることもあり、ワンストップで物事が解決する、信頼できるアドバイザーを欲しています。

第3章　医療顧問先をゼロから1へ増やすノウハウ　71

　バックオフィス業務すべてについて「あなたがやれませんか？」と筆者も尋ねられたことがありました。そこで「ノー」という回答しかできないようでは、たとえ本業で完璧な仕事をする税理士であっても「使い勝手が悪い人」で終わってしまいます。白か黒かのとても厳しい世界です。

　とはいえ、あらゆる問題を自分で処理することも不可能です。そこで、自分を中心として、病医院全般の業務をお手伝いする"ハブ"機能の実行を心がけてみるのです。

　ハブとは、「ハブ空港」としてよく知られる用語です。出発地と目的地が直行便で結ばれていることが旅客にとって理想的ですが、米国などでは全空港をカバーするには飛行機が何機あっても足りませんし、搭乗率も保証できません。そこでシカゴ空港などの乗り継ぎ拠点を「ハブ・アンド・スポーク」として整備し、そこから全米の空港を結ぶ運航方式を編み出したのです。このハブ空港のように、自分が車輪の中心となってネットワークを整備し、業務がスムーズに進むよう運行整理することが病医院経営者の要望に応えるものとなっていくのです。ハブ空港は大都市にある必要もなければ、最大の空港である必要もありません。ときには自分のところより大きな会計事務所や最新のノウハウを保有するコンサルタントに仕事を依頼しながら、全体のシステム運行を確保する役割を担っていくのです。これができると病医院経営者からの評価は一気に高まり、さまざまな顧問先を紹介していただける立場になっていきます。

　筆者も病医院経営者からさまざまな相談を受けますが、先日は夫婦関係がうまくいかないで悩んでいるというので夫婦関係専門のカウンセラーを紹介したところ非常に喜ばれました。それ以来、開業を検討している医師仲間がいると「良い税理士がいるよ」と紹介していただいています。おそらくその方は筆者に悩みを相談したけれども、専門外の内容だったので解決に導いてくれるとまで思っていなかったのでしょう。それが、間接的ではありますが、紹介した専門家が課題を解決してくれたことによって、期待以上の働きとして感動や感謝につながったのだと思います。

（中島由雅）

# 5 顧問先獲得のための営業と知識の吸収の両立が重要

## 1　顧問先獲得のための営業に力を入れる会計事務所が増えている

### (1)　顧問先獲得のために行っている営業

　第1章の「2　医療専門をうたっている会計事務所の現状」に書いたように、医療専門をうたう会計事務所が急増しています。

　そして、医療専門をうたう会計事務所は顧問先獲得のための営業に力を入れているところが多いようです。

　どのような営業を行っているかというと、(a)インターネットを活用した営業、(b)人脈を活用した営業、(c)セミナーや DM を利用した営業に大きく分けられるようです。

### (a)　インターネットを活用した営業

　この営業で最も基本となるのは検索エンジン最適化（SEO）対策を行っているホームページです。最近は Google マップで上位に表示されるためのマップ検索最適化（MEO）対策も人気のようです。

　この他に税理士向けの顧客紹介サイトに登録したり、メールマガジンを発行している会計事務所もあります。

### (b)　人脈を活用した営業

　この営業で最もオーソドックスなのは親戚、知人、同級生などから紹介してもらう方法ですが、最近は異業種交流会や勉強会などに参加して積極的に人脈を広げる努力をしている税理士も多いようです。

　人脈を活かした営業方法について書かれた書籍はたくさんありますし、セミナーも盛んに行われています。

　初対面の方に良い印象をもってもらう方法とか名刺交換で相手に覚えてもら

う方法などの挨拶スキルも含めると、この方法が今一番流行っていると思われます。

### (c)　セミナーや DM を利用した営業

　セミナーや DM を利用した顧問先獲得の営業方法は昔からありますが、セミナーや DM を利用した営業方法のセミナーや書籍が増えてきたせいか、最近はセミナー開催の DM やセミナー紹介サイトなどが増えているようです。

## （2）　営業セミナーや顧問先獲得のハウツー本は実績ばかり強調している

　このように、最近は営業セミナーや顧問先獲得のハウツー本がうんざりするほどたくさんあります。

　筆者も一度だけ営業セミナーのようなものに出席したことがありますが、実績を自慢したり、うまくいった数少ない事例を紹介するだけなので、聞いている人の中には簡単に顧問先が増やせると錯覚する人もいると思われます。

　たとえが悪いかもしれませんが、甘い言葉で巧みに相手をその気にさせて最終的に高額な商品やサービスを売りつけるキャッチセールス商法に似ていなくもないです。

　「顧問先を増やすのは実は簡単です！」、「わずか数か月で顧問先を倍増できます！」と数少ない成功事例だけを大げさにアピールしているものが多いですが、本当に誰もが成功できるのであれば税理士は全員大金持ちです。

　儲けているのは営業セミナーの主催者やハウツー本の著者のほうではないでしょうか。

## 2　最終的には病医院経営者が被害を受ける

　会計事務所の運営には顧問先が絶対に必要なので、顧問先獲得のための営業がダメといっているわけではありません。

　適正な会計事務所運営のためには営業は必要です。

　しかし、ほとんどの病医院経営者が税理士に対して「医療業界に詳しくない」という不満を持っているのも事実です。

営業セミナーや顧問先獲得のハウツー本が得意分野を絞って広報活動をしたほうが効果的と勧めているので、なんとなく医療専門を掲げている会計事務所が多いことが、病医院経営者の多くが税理士に対して不満を持っている原因だと思われます。

税理士は国家資格保持者なので直接的に批判されることはまだ少ないですが、コンサルタントとなると詐欺集団、金儲け主義、悪徳というイメージを強く持っている病医院経営者はけっこう多くいます。

本当は医療業界に詳しくないのに医療専門とうたっている会計事務所は病医院経営者を騙して顧問契約を取っているようなものですから、このような会計事務所が今後さらに増えると、税理士も詐欺集団、金儲け主義、悪徳というイメージを持たれかねません。

## 3 仕事の質を高める努力を勧めるセミナーや書籍が少ない

本来は、営業セミナーや顧問先獲得のハウツー本は営業の方法と仕事の質を高めるための方法を両方紹介すべきですが、筆者の知っている限りでは営業一辺倒で、仕事の質を高めることを紹介しているセミナーや書籍はごく少数です。

コンサルティングや経営のノウハウについて書かれた書籍はありますが、実務で活用できる内容が書かれた本はほとんどありません。

筆者は2014年11月に『税理士・公認会計士のための医業経営コンサルティングの実務ノウハウ』（中央経済社）を発刊しましたが、この書籍の企画段階で類書についていろいろと調べました。

しかし、残念ながら調べた類書のすべてが厚生労働省や国税庁のホームページから引用したようなお決まりの解説や、他書でも必ず書かれているものばかりで、目新しい解釈や実務の役に立つ情報は皆無に近かったです。

さらに、立ち読みの価値もない書籍も数冊ありました。

書籍の企画段階で類書を上記のように批評したとき、出版コーディネーターの方が私の評価が偏りすぎと言っていましたが、類書を何冊も確認したおかげで実務に本当に役立つ書籍が市場に出回っていないことに気づき、書籍名に

「実務」という言葉を入れるよう強く要望することになりました。

　この本はおかげさまで平成28年3月15日現在で第6刷が決定しており、専門書としては売れているほうだと思います。

　少し話がそれましたが、仕事の質を高める努力を勧めるセミナーや書籍が少ないのには理由が2つあると思います。

　まず、仕事の質を高める方法を知らないということが考えられます。特にセミナー講師や著者が税理士などの士業ではない場合はこの可能性が高いです。

　次に、顧問先を獲得できるかどうかは最終的には本人の実力とわかっているが、それを言ってしまうとセミナーの集客や書籍の売上げが激減してしまうので、知っていて言わないということが考えられます。

　たとえば、高額で悪質な健康食品を売ることを目的としたキャッチセールス商法で、本当に健康な生活を送る方法を教えることはないはずです。

　そのようなことをしたら、高額で悪質な健康食品が売れなくなるからです。

　逆に栄養療養の指導をちゃんと行っている病医院では、日頃の食生活の改善からしっかりと教えます。サプリメントを勧める病医院もありますが、患者が希望しなければ購入する必要はありませんし、何よりサプリメントは食生活を改善できない人が購入すればよいとちゃんと教えてくれます。

　ちなみに、現代人は外食や弁当で食事を済ませる割合が高いので理想的な食生活を送ることはほぼ絶望的です。ですから、栄養療養の指導をちゃんと行っている病医院ほどサプリメントの服用を勧めているのです。

　本来、税理士の顧問先獲得のためのセミナーや書籍も、栄養療養をちゃんと行っている病医院のように、顧問先が増えない原因から改善することを勧めるべきです。

# 4　顧問先が増えない原因

## （1）　仕事の質が低いことが主たる原因

　顧問先が増えないのは仕事の質が低いことが主たる原因だと思います。

　仕事の質が高ければ既存顧問先から新しい顧問先を紹介してもらえますし、

自分自身に自信があればどのような相談に対しても即答できるので、相談者の信頼を得やすくなります。

仕事の質は知識と経験で決まります。

より多くの知識を吸収し、多くの事例を経験していれば、たとえ初めてのケースであっても過去の知識と経験から推測して答えてもそれほど的外れなことにはならなくなります。

さらに、仕事の質には雑学的な知識も必要です。法的な知識だけではなく、雑学的、低俗的、都市伝説的と思われる知識までも持っていたほうが有利です。

読者の中には、独立開業したばかりで病医院の顧問先が1件もないので経験を積むことができないという方もいるかもしれませんが、はっきりいうと独立開業が早すぎです。もっと知識と経験を十分に積んでから独立開業すべきです。

## （2）　営業下手も顧問先が増えない原因

ところが、どんなに仕事の質が高いと自負していても、病医院経営者など周りの方がそのことを知らなければ一向に顧問先は増えません。

このような方は自分もしくは会計事務所の存在を知ってもらう努力が不足しています。つまり営業不足です。

士業はおおむね営業下手といわれていますが、営業とは何も飛び込みで1件1件まわって売り込むことではなく、前述したようにインターネットを活用した営業、人脈を活用した営業、セミナーやDMを利用した営業もあります。

このうちインターネットを活用した営業は人前に出ることが苦手な人でもできますので、手始めに行う営業にぴったりです。

ただし、インターネットを活用した営業は基本的には待ちの姿勢なので、もっと多く、あるいは少しでも早く顧問先を増やしたい方は人脈を活用した営業やセミナー・DMを利用した営業も併用することをお勧めします。

大切なのは、顧問先が増えないのは仕事の質が低いことが主たる原因であることを忘れずに、知識を吸収し、経験を増やす努力を怠らないことです。

（西岡秀樹）

**COLUMN**

## セミナーで上手に話すノウハウ

　セミナーで上手に話すためには入念な準備が求められます。もしノープランで臨んで結果がオーライだったとしても、たまたま受け入れられただけかもしれません。再現性がないため、次がまたゼロからのスタートになってしまいます。

　初心者の方にお勧めしたいのは「フレーム」を用意することです。フレームとは話し方の枠組みのことです。筆者の場合は、以下のようなフレームを採り入れてセミナーを行っています。

```
┌─────────────────────┐
│      自己紹介        │
└─────────────────────┘
          ↓
┌─────────────────────┐
│     今日のテーマ      │
└─────────────────────┘
          ↓
┌─────────────────────┐
│      問題提起        │
└─────────────────────┘
          ↓
┌─────────────────────┐
│      ノウハウ        │
└─────────────────────┘
          ↓
┌──────────────────────────┐
│ ノウハウに取り組めない方へのフォロー │
└──────────────────────────┘
          ↓
┌─────────────────────┐
│      決め言葉        │
└─────────────────────┘
```

　セミナーでのいちばんの敵は緊張です。言いたいことを満足に伝えられないどころか聴衆に不安感を与えてしまいます。もし緊張感で我を忘れるような事態に陥っても、フレームがあると元に戻ってくることができます。何をやっても大崩れしない安心感が緊張の壁を破ってくれます。

　病医院経営者は「ビフォー・アフター」が大好きです。ダイエットの広告のように、取り組む以前と以後の結果を明白に伝えること。明らかに見てわかるものに納得するのです。具体的な数字や写真をエビデンスとして用意す

ることも忘れてはいけません。説明材料についても、抽象的な事柄は避けて、ケーススタディに絞りましょう。たとえ耳鼻科の例でも眼科医のドクターにだって伝わるものです。

　プレゼンに使用する写真や画像にも決して手を抜いてはいけません。医療業界は手術視野で行われていることのわずかな変化や異常も見逃してはいけないという共通の認識がありますので、画像の質も精密でクリアかどうかにこだわります。そういった一見小さな点が、話し手の評価・信頼感へとつながっていきます。筆者も画質の粗いフリー素材の画像を用いてセミナーをした際、ドクターから「見にくい画像が気になって仕方がなかったよ」とお叱りを受けました。結局、そのセミナーでは聴衆の反応も鈍く、伝えたかったことがほとんど伝わらない結果となってしまいました。

　もちろん、どんなに上手に話すノウハウが身についていたとしてもセミナーが思うようにいかないこともあります。また、自分自身は気づいていないけれど、聴衆をセミナーに集中させない癖や仕草があるかもしれません。

　筆者も会場の雰囲気が固かったりすると、緊張からか話の途中で「あの〜」が多くなってしまったり、準備した内容を伝えたい一心で聴衆には目もくれずスライドばかりを見すぎてしまう傾向がありました。そのような「ついやってしまう癖」を改善するために、筆者は自分のセミナーをビデオカメラで撮って後日それをチェックしています。自分自身を客観的に振り返るためです。

　結局、セミナーで上手に話すには一定量をこなすことと、客観的に自分を分析したうえで１つひとつの課題をクリアすることだと考えています。

（中島由雅）

# 第4章

## 既存会計事務所が医療業界へ
## 新規参入するノウハウ

# 1 顧問先を選ばず、どのような案件であっても引き受けるべき

## 1 まずは実績づくりに徹し、目の前の仕事に取り組む

### (1) 誰もやりたがらない案件にもメリットが！

　帝国データバンクによると、2014年に休廃業・解散した医療機関は前年比12.7％増の347件となり、集計を開始した2007年以降で最多となりました。業態別にみると、「病院」(30件、前年比2.9％増)、「診療所」(271件、同10.2％増)、「歯科医院」(46件、同12.2％増) と全業態で休廃業・解散件数が増加しています。都市部への集中により競争が激化しているほか、事業承継の問題を抱える病院や診療所が増加し、休廃業・解散を余儀なくされるケースが増えているからです。

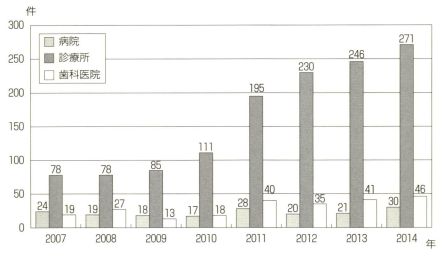

〈「病院」、「診療所」、「歯科医院」休廃業・解散件数〉

出所：(株) 帝国データバンク「医療機関・老人福祉事業者の倒産動向調査」2015/3/11 をもとに筆者作成

第4章　既存会計事務所が医療業界へ新規参入するノウハウ　81

　このように、「医療は総じて儲かる」とか「医者は皆裕福だ」などという時代は過ぎ去っています。病医院が押し並べて魅力的な顧問先であるといえないのです。そのうえ、優良顧客は大手ががっちりと囲い込んでしまっていますので、新規参入者が顧問先を選んでいる余地はなさそうです。

　しかしながら、ここでいいたいことは「選択の余地がないから誰もやりたがらない仕事をしよう」ということではありません。

　「仕方ないじゃないか」、「黙って仕事をしろ」といった次元の低い話をすることは本書の目的にも反します。「残り物には福がある」とはよく言ったもので、本当に誰もやりたがらない残り物にこそ、引き受けるメリットが潜んでいるのです。

　実際に筆者は、ほかの人が決して手をつけないような案件を引き受けてきました。最初に引き受けたのは破産寸前の病医院です。着手した時点で診療報酬が担保として差し押さえられていた状況で、関与して間もなく廃業になってしまいました。そのような経験を積んだうえでも、なお「どんな案件でも引き受けよ」と胸を張って主張できるのです。この病医院経営者はのちに勤務医となられ、現在でも確定申告の面倒を見させていただいています。良好な関係が続いていることで、決して誇張ではないとわかっていただけると思います。

　そもそも病医院が顧問先として優位な点は、高額な顧問料や企業寿命が長いことに起因します。保険診療に基づく安定した収入が確保できますし、社会的信用も高く、時代の流行にも左右されません。いったん開業して地域に愛される病医院となれば、どの業種よりも長い間事業を続けていくことができます。

　その反対に、資金繰りが苦しくて借金を抱えているような案件では顧問料すら見込めるか怪しいものですし、いつまで続けられるか何の保証もありません。まったく意図と反することになりますので誰も受けたがらなくて当然です。このような、一見すると"不良"とも思われる案件を引き受けるメリットが、実はあるのです。

　まず第一に、「それでも経験を積むほうが大事」ということです。破産寸前だろうが、顧問料が満足にいただけないおそれがあろうが、実績として1件は

１件です。着手して数年後に医療法人になって発展するような大手ばかりが顧問先ではありません。この例では「廃業」という場に結果的に立ち会うこともできました。経験したくてもなかなかできるものではありません。貴重な顧問先に変わりはないのです。

第二に、「基礎から応用」というステップを踏んで学んでいけることです。デコボコとしたスポット的な学びではなく、ゼロから積み上げていくことになるので、結果として業務全般を体系的にわかりやすく学ぶことができます。いわば正しい手順で仕事を学べるのです。

## （2） ドクターを支える気持ちで仕事をする

今では誰からも評価される立派な医療法人でも、最初の頃は領収書の保存方法もわからない例が多々あります。自己資金が足りずに銀行だって相手にしない厳しい状況だった病医院も１つや２つではありません。夢破れて開業を諦めるなんてことも珍しくありません。そういう弱い立場のドクターは不安でいっぱいです。「一緒に寄り添って応援してくれるのだろうか」と真剣な眼差しで私たちを観察しています。

そのようなときには、こちらも不安に寄り添うような温かい態度でお付き合いすることです。儲け主義が頭にこびりついていると必ず顔に出ます。手を抜いていることがすぐわかります。淡々と手順をこなすのではなく、応援するつもりでやっていくことです。「得するからやろう」という気持ちではなく「支えたい」という一途な気持ちで仕事に取り組むべきです。医療という業種に特化する以上は、その業種を支えたいという思いで取り組むべきです。

良好な信頼関係を築いている顧問先は、どんなに大きな医療法人となっても、決して皆さんのもとを離れることはありません。「苦しいときに手を差し伸べてくれた」という感謝の気持ちとともに、一生懸命に仕事をしてくれていた姿をよく覚えてくださっているからです。最初から誰が見てもうまくいきそうな案件で成功しても、誰からも評価されませんし、仕事の醍醐味もありません。

知識やノウハウは他人から教えてもらうのではなく、自分の経験から身につ

けるものであるということに誰も異論はないでしょう。たくさんの経験を積むこと、人が滅多にできない経験を積むことにこそ意味があるのです。想像していたとおりの経験ではあまり意味がありません。ぜひ、誰もやりたがらない案件に関心をもって取り組んでみてください。

## （3） 目の前の仕事に取り組んではじめて将来が見える

　先の見えない時代です。先が見えないからこそ「自分にふさわしいキャリア」とか「将来につながる仕事」などという漠然とした理想を夢見ても意味がないのです。もし「将来につながる仕事」があるとしたら、きっとそれは「いま目の前にある仕事」のことではないでしょうか。大きな将来は、小さな今の積み重ねで成り立っています。「待つ」ことより「動く」こと。目の前の仕事に全力で取り組むほうがかえって道が開けます。成功しそうな案件だけをやろうと目論んでいると、何も仕事は見つかりません。無駄なことばかりやっているのと一緒です。

　顧問先開拓の方法はいくつかありますが、最も手堅いのは顧問先からの紹介であると何度も述べてきました。顧問先から紹介を受けられるかどうかは、その顧問先に対して相当な信頼を得る仕事をしてきたかどうかにかかっています。未経験者ほど、実入りのよさそうな仕事、華やかな仕事ばかりを選んでいく傾向にありますが、そのような形式的な側面を重視する取り組みでは顧問先の信頼を得ることは難しいでしょう。

　「花形」と呼ばれる仕事、誰もが憧れる、スーツで風を切っていくような仕事など存在しないと思っておいたほうが身のためです。苦労に苦労を重ねて成し遂げた仕事が「花形」の仕事なのです。破産寸前の状態であったり、放漫経営であったり、院長が無礼であったり、院内の雰囲気が暗かったりと、気乗りがしないことは多々あるでしょう。そういう目で見ているからこそ気乗りがしないのです。すべてが宝の山で、あなたの経験値となるのです。

　仮に帳簿や納税に対する意識が希薄な顧問先だったとしても、それらの重要性をていねいに説明し、納得してもらえるよう向き合うべきです。顧問先を選

84

んではいけません。選ばない税理士こそが顧問先から選ばれる税理士になるのです。

## 2　顧問先のためになることを考える

　どのような案件でも引き受けるといっても、業務に見合った対価は当然いただくべきです。目の前にある仕事が、もし報酬がゼロであったり「気に入ったらお金を払う」といった無理難題な条件でしたら、それは仕事ではありません。ボランティアです。本業とは別のところで取り組むべきものですので、分けて考えましょう。もし、目の前にある仕事が脱税まがいの依頼や診療報酬をごまかす類の依頼であることが発覚したら、指摘することはきっちりと指摘すべきです。

　そのような顧問先に明るい将来はありません。顧問先のために身を粉にして働く行為と、「言われたことを何でもする」、「都合の悪いことは見なかったことにする」という行為とはまったく違います。説明の表現は異なれど常に真摯な姿勢で接してこそ、堂々とした仕事ができます。信頼できる税理士として評価されるのです。

　間違っても顧問先の奴隷のような仕事をしてはいけません。「何のために仕事を依頼されたのですか」と経営トップである病医院経営者と直談判してみましょう。「どういう理念で事業を始められたのですか」、「どういうゴールを目指したいのでしょうか」と肝を据えて尋ねてみるのです。「金儲けがすべて！不正をしてでも儲けたい！」などと回答する経営者などいません。経営が苦しくなってきたからこそ道を誤っているのです。日頃からは思いもしなかったような熱い言葉が聞けるかもしれません。ドクターを目指した若き日の思い出や苦労した日々に、時には涙を流されることもあるでしょう。そのあとやるべきことはたった1つの行動です。「その理念を実現させましょう」、「一緒にゴールを目指しましょう」と固い握手を交わすのです。

（中島由雅）

# ② 最初の１～２年は先行投資

## 1 甘くない世界であることを知っておく

　病医院も一つの企業体です。顧問先に将来性があるかどうかを見極める目を持つことはとても重要です。優良企業でも業績悪化で倒産という事態は突然やってきます。どのような場合に市場から撤退を迫られるのか、将来の成長が期待できないのか、融資してはいけないのか ── 一定の経験と財務諸表の読める知識があればある程度は判断できると思います。

　医療業界もまた競争が激しくなり、参入してすぐに採算がとれるほど甘いものではなくなっていますが、他の業種よりも高い顧問料が得られる取引先といえますし、一度利益が出れば企業寿命が長いことは過去実績で明らかになっています。回収に対して予算を長めにとれますので、最初の１～２年は先行投資と割り切ることができます。

　したがって、最初はどのような案件でも引き受けることが可能なのです。ところが、「どのような仕事でも」とハードルを下げたとしても一筋縄でいかないことは参入してみるとわかります。医療業界独自の慣行、特殊な世界を痛感するものと思います。

### （1）　医療業界はドクター中心で回っている

　業界の寿命が長いことと１つの病医院が利益を上げ続けることはイコールではありません。実績のない間はひたすら我慢するしかありません。最初は暗黒の中にいるような状態で、顧問先が見つかるまで落ち込んだ気分が続きます。この時間をどう過ごすかが肝心です。筆者の例を参考にしてください。

　たとえば、MRの方と同行して、薬局を１日十何件も訪問して回ったことが

あります。MRの方は、先生に迷惑になる行為を極端に嫌がっていました。話すこともできるだけ避けようとします。トラブルになったら大変だからというので、まるで心の片隅に留めておく程度でよいと考えているようでした。そのような業者としての態度を尊敬しつつ、またその苦労に泣いたものです。

このような経験もしました。電話やメールを何度しても音沙汰がなく訪問の約束を取るのも一苦労なうえに、訪問の時間帯は平日の診療後か土日のいずれかの状況でした。病医院を出るのが常に深夜で、帰りの電車が残っているかが気になってしまい、良い仕事ができませんでした。そこで平日の昼の時間帯の訪問に変えられないか相談したところ、病医院経営者は「今までどの業者も夜や休みの日でも私が指定すれば快く対応してくれたのに…、時間に注文をつけたのはキミが初めてだよ」と言われました。そして「昼間の時間はスタッフが周りにいて、何となく落ち着かないから話したくないんだよ」と結局スタンスを変えてくれませんでした。

ほかにも「診療が…」という一言で、面会に至らなかったケースに何度直面したことでしょうか。

あるドクターからは「夜来てくれ」と言われたので、指示どおりに夜間に伺ってみたところ、取り巻きの方から「先生は疲れているのにキミは夜まで引っ張るのかね」と嫌味たっぷりで注意を受けたことがあります。ひどいショックを受けました。「そういう特殊な環境で自分は働いているのだな」ということを徐々に理解していったのです。


税理士業界は、いまや60歳代以上のベテランが半数を占め、若輩者は経験年数ではとうてい先輩方に追いつくことはできません。ところが目の前に与えられた仕事に、がむしゃらに取り組むことでしか得られない「経験値」や「実績」というものがあります。医療業界に照準を定めたからには、厳しい業界だと尻込みせず、どのような案件でも引き受けてやろうという気概をもって取り組むことで、経験年数に打ち克つ実力を得ることができるのです。

## 2 "投資期間"中にすべきこと

### （1） セミナーや執筆活動

　税理士の役割は会計処理だけではありませんので、開業や経営サポートのための勉強も欠かさないことです。見込客をつかむためにセミナーや執筆活動が有効であることは第3章で説明してきました。座して顧問先を待つような態度では断じて成功はありえません。だからといって、飛び込み営業やテレアポなどはもってのほかです。混雑している院内の対応に追われている受付の方も突然の訪問や電話は非常に困ります。病医院の迷惑になるような行為は慎みましょう。ハードルを一度越えてしまえば、次は簡単に越えられるものです。同業他社に差をつけるためにも、セミナーの自主開催や出版、ハンドブックといった定期的な情報提供を検討してみてください。

### （2） ワンストップサービスへの道筋をつける

　社会保険労務士や司法書士、行政書士、弁護士あるいは建築家や内装業者など、専門家の力を借りて自分の実績をカバーすることができます。労務やお金の問題などさまざまな課題に対して窓口となり、病医院経営者の要望に応えていくのです。実績がないからこそチーム力を磨くのです。病医院経営者は多くの業者が尋ねてくることに正直閉口しています。「キミにだけ会いたい」と思ってもらえた時点で契約を手にしたも同然です。

### （3） 診療圏調査を営業ツールに

　1つだけ具体的なツールを紹介しておきます。開業希望地でどのくらいの患者数を見込めるかを算出する調査方法が「診療圏調査」と呼ばれるものです。診療圏調査は開業するにあたり非常に重要なシミュレーション法です。開業地の選定は開業準備の入り口にあたるので営業ツールとして有効です。けれども自社で診療圏調査のソフトを購入するには高額なコストがかかりますので、初期段階で投資するには慎重であってよいと思います。大手製薬会社や大手建設

メーカーといったツテを頼るなどコストをかけない方法を模索してみましょう。医療開業専門のコンサルタントに相談してみることも1つの方法です。

業者やコンサルタントは開業情報を探していますので、具体的な開業案件と一緒に相談をすればさまざまな資料や提案をいただけることでしょう。同席してその説明を伺うことで、開業予定地の分析や他の病医院の動向も知ることができるので有効です。仮に紹介した案件が業者の仕事につながらなかったとしても、「無駄足を踏ませてしまった」と気兼ねすることはありません。業者間の競争は激しいので、業者にとっては開業情報を得ることだけでも大きなメリットなのです。業者を積極的に活用していきましょう。開業情報を持っている税理士だという認識を持ってもらうことで、業者との関係性がより深くなります。

## （4）　専門スタッフの採用

時期が来たら、皆さんの事務所でも営業担当の採用を考えてみてはいかがでしょうか。確定申告や年末調整の時期だからといって、紹介者からの依頼を断っていたら実績などつくることはできません。筆者の事務所も医療業界に参入するにあたって、医療専門スタッフの採用に踏み切りました。

ところが当時、病医院の顧問先が2〜3件しかなかったのでやってもらうことがありません。今となっては笑い話ですが、職場で1日中雑誌を眺めて終わることも日常茶飯事でした。その光景を見て「さぼっている」なんて気持ちにはなりません。申し訳ない気持ちが先に立ち、必死で顧問先を獲得しようと鼓舞させてくれました。

最初の2年はそのような状況が続きましたが、徐々に顧問先獲得の成果が出てきました。理由として、専門スタッフがいることで、税務以外のことも聞けるという安心感があったと思います。また、紹介者からも「医療専門部署がある事務所ですよ」と勧めやすい、という声もいただきました。

第4章　既存会計事務所が医療業界へ新規参入するノウハウ　89

　以上、1～2年間は初期投資と割り切り、具体的に何をすればよいか述べてきました。あくまでも参考例ではありますが、皆さん独自の方法を編み出すベースになるはずです。

　病医院経営者も税理士に価値を見出してくれる時代となっています。これまで病医院は「経営」という観点で考えられることの少なかった業界です。多くの規制に守られ、保険診療に支えられ、恵まれた環境にあったからこそ比較的楽な経営ができていたのです。医療法の厳しい内容への改正や競争の激化により、われわれ税務や会計の専門家に注目が集まってきているのです。参入するには厳しい業界ですが、安定的な経営が見込まれるばかりか、自らも成長していける価値ある業界であると断言できます。

（中島由雅）

## ③ 新規開業病医院に的を絞って成功 したケース

### 1 新規開業病医院の魅力と特徴

#### （1） 新規開業病医院は参入障壁が低い

　毎年新たに開業される病医院は47都道府県で約3,000件近くに上るといわれています。一方で、どのような業界でも新規開業者はリスクを抱え、安定した収入が得られる保証は何ひとつありません。満足な顧問料をいただけないかもしれないという不安は捨てきれません。それでもなお新規開業病医院に的を絞るメリットについて説明していきたいと思います。

　1つは「参入障壁を回避できる」という点です。既存の病医院では「実績」を問われることが非常に多いのですが、新規の場合はさほど重視されない傾向にあるからです。一方、既存病医院の壁は非常に高いです。老舗の会計事務所がバックに控えていますから実績では太刀打ちできません。勝てるとすれば価格くらいですが、低価格は自らの首を締めることになりますし、病医院も少しの顧問料の削減だけでは税理士を頻繁に変更することなど滅多にありません。

　もう1つのメリットは、ゼロから事業を始めるわけですから、サポートする側からしても「基礎から応用まで系統立てて知識を身につけていくことができる」点です。具体的にいえば、開業前の事業計画から携われる点が大きいのです。そのためには、開業を考えているドクターとは早い段階から接点を持つことが大切となってきます。

#### （2） 開業までのスケジュールを把握する

　病医院を開業するには、できれば1年半前、遅くても1年前から準備を進めなければなりません。病医院経営者は開業の意思が固まったら、まず家族に相談します。家族の同意なくして開業医は務まりません。その後は以下のような

第4章　既存会計事務所が医療業界へ新規参入するノウハウ　91

手順を経て、開業を目指します。

```
┌─────────────────────────────┐
│     開業地・物件探し          │
└─────────────────────────────┘
          ▽
┌─────────────────────────────┐
│     基本構想・事業計画        │
└─────────────────────────────┘
          ▽
┌─────────────────────────────┐
│     融資申込・資金調達        │
└─────────────────────────────┘
          ▽
┌─────────────────────────────┐
│     建築・内装工事            │
└─────────────────────────────┘
          ▽
┌─────────────────────────────┐
│     医療機器の選定            │
└─────────────────────────────┘
          ▽
┌─────────────────────────────┐
│     スタッフ募集・採用        │
└─────────────────────────────┘
          ▽
┌─────────────────────────────┐
│     内覧会・広告宣伝          │
└─────────────────────────────┘
          ▽
┌─────────────────────────────┐
│     各種手続・開院            │
└─────────────────────────────┘
```

　このうち、どの段階で税理士として関わっていけるかがポイントとなります。税務や会計業務は最終段階で発生するというのが従来の考え方ですが、前項でも触れたように「学び」を深めるには川上の段階から事業に関わる必要があります。特に病医院は「成功の可否は立地が9割」といわれるくらい開業地がモノをいいますので、入り口の物件探しの段階から一心同体となって病医院経営者の相談相手になっていきたいものです。できるだけ早く病医院経営者と接触しておき、丸抱えで仕事をとるくらいの勢いで飛び込んでいかないとライバルに競り負けてしまいます。そういった営業的な側面も見逃して考えることはできません。

## （3）　どこから開業情報を得るのか

　最近は医業経営コンサルティング会社が増えています。開業情報はこうしたコンサルタントから寄せられることもありますし、金融機関、特に地場銀行か

ら寄せられることも多いです。これも日頃のネットワークがモノをいいます。

開業を考えているドクターがどこにいるのか、セミナーの開催や人脈を広げるなどして誰よりも先に潜在的な顧問先の情報をつかむことを心がけてください。また、ネットなどでも開業情報サービスが有償で提供されています。地域別・診療科別など、希望に沿った検索サービスを提供する業者もあります。口コミに比べると競争も激しくなりますが、試してみる価値はあるかもしれません。理想的なパターンはドクターからの紹介です。同業者の紹介は信用性が高く、成約率は高まります。

### （4）　病医院の経営はサービス業と化している

病医院の経営環境は厳しさを増し、少子化も相まって年々競争が激しくなっています。患者に選ばれる病医院とならなければ生き残ってはいけません。スタッフのホスピタリティのレベル、説明のわかりやすさ、院内の雰囲気など、患者を満足させるサービスができているかどうかが問われています。ドクターの技術だけではなく、総合サービスが優れているかどうかが成功の秘訣となっています。だからこそ「異業種の目」として税理士も積極的に経営計画に携わっていくべき時代を迎えています。

開業前後では、病医院経営者は診療に加えて、会計業務や労務管理、さまざまな業者とのやりとり、金融機関との交渉など、経験のない仕事を山のように抱えることになります。余裕がなくなるとスタッフや患者に対する挨拶や笑顔といったことですら疎かになりがちです。新規開業時期だからこそ手厚いサービスを患者に提供しなければならない点などを積極的にアドバイスしていくべきです。

## 2　「コンサル目線」も時には必要

### （1）　開業しやすい「科」、しにくい「科」

病医院の収入は、保険診療収入と自由診療収入に大別されます。内科などは保険診療収入の比率が高いため収入も安定し、開業しやすい業種といえます。

第4章　既存会計事務所が医療業界へ新規参入するノウハウ　93

企業寿命も一般企業より長いので金融機関にとっても最優良融資先といえます。筆者の顧客の場合は、3つの金融機関に競って融資を持ちかけ、結果的に金利0.5%で開業資金を調達したケースもあります。地場金融機関にとって、病医院は今も昔も大切な融資先なのです。

　病医院に対する税務では「医業の概算経費による所得計算（租税特別措置法第26条）」（一口メモ参照）といった特殊なノウハウを身につける必要はありますが、ある意味では1つきちんとマスターすると、どの診療科にも横展開しやすい業務といえます。相談されるポイントというのも共通しています。


　しかし、患者の集め方（集患／増患）や開業支援のような業務に足を踏み入れると、コンサルタント的なノウハウや能力が問われてきます。

　たとえば、心療内科は性格上、人気のない路地裏の雑居ビルなどにテナントとして入っているほうが、むしろ患者が通院しやすいものです。また、賃貸料などを大幅に安く抑えられますので、初期投資の面で有利です。

　反面、美容外科などは収入を自由診療に依存するばかりか、非常に厳しい競争下に置かれています。大手美容外科チェーン出身のドクターが次々と開業していますし、大学の美容外科のドクターの参入も続いています。患者の病医院に対する目が厳しくなり、複数の病医院で見積りをとって比較するケースも増えています。美容外科は自由診療ゆえに、価格も最後は交渉次第となります。心療内科とは正反対で贅沢な内装や都市立地が求められるなど条件は厳しくなります。

　歯科医院も厳しい競争にさらされています。開業歯科医院の数はコンビニエンスストアの数を下回ったことはなく、多くの歯科医院が廃業に追い込まれています。歯科医師ばかりでなく、スタッフと患者とが良好なコミュニケーションがとれていなければ経営が成り立たない、典型的なサービス業の側面を持ち合わせています。

## （2） 自由診療は経営の自由度も高い

　こうしたことから、美容外科や歯科医院は金融機関からは一般企業並みに厳しい目で融資査定を受けます。返済能力について判断材料となるのは、勤務医時代の収入と事業計画です。ぜひ、病医院経営者の片腕となって事業計画を練り上げていきましょう。

　美容外科や歯科医院は、成功すれば大きな所得も見込めるものです。筆者の顧問先でもダントツで所得が多いのは美容外科と歯科医院です。自由診療であることは、それだけ経営の自由度が高いということでもあり、取り組み方次第では大きな成功をつかめるからです。「高い経営マインドがあれば、やり方次第ではむしろ成功する科である」ということをはっきりと伝え、背中を押してあげることが大事です。

（中島由雅）

> 一口メモ
>
> **医業の概算経費による所得計算（租税特別措置法第26条）**
>
> 　社会保険診療報酬の金額が5,000万円以下で、かつ医業・歯科医業の総収入金額の合計額が7,000万円以下である場合に実際の経費金額によらず、一定の計算式によって経費の金額を計算する方法を選択することが認められています。

## ④ 銀行とタイアップして顧問先獲得に成功したケース

### 1　医療業界にとっての金融機関との関わり

　まずもって、金融機関と関わりのない病医院はありません。

　病医院を開業するときの開業資金（設備資金および運転資金）、病医院を経営している中での運転資金、設備投資を実行する際の設備資金（リース契約を含む）、そして病医院の借入金をすべて返済した後の手持ち現金預金の運用等を含めて、必ず金融機関との取引が発生します。

　場合によっては、自宅、セカンドハウス、投資用不動産、教育資金等、ドクターのプライベート部分の資金調達の際にも金融機関との取引が発生します。

　このように、医療業界にとって金融機関は切っても切れないものです。それほど大切な金融機関ですから、できれば信頼関係を長く築きたいものです。

　そもそも、ドクターは開業前に特別に金融機関との付き合いはありませんので、一番良いのはドクターが相談している税理士が責任をもって金融機関を紹介できることです。

　そして、税理士はドクターに対して金融機関の持つ役割、金融機関との付き合い方についてきちんと伝えなければいけません。

　ドクターが金融機関との取引で疑問を感じたことに対してきちんと答えると同時に、自分が紹介した金融機関であれば、責任をもって交渉にあたらなくてはいけないと思います。

　筆者は、これまでの金融機関との取引経験上、医療業界に詳しい金融機関をまず優先して紹介しています。当然ながら金融機関の各支店に医療業界に詳しい担当者がいるということはありませんから、金融機関の本部に医療機関の専門担当または専門室（以下、本部医療専門室）があることが望まれます。

　ドクターが新規開業する際も、今は担保評価というよりはその事業性につい

て評価する必要がありますので、融資するにあたって医療業界の知識は必須となります。

　そして、場合によっては金融機関から開業立地を紹介してもらうこともあれば、診療圏調査を一緒に進めることもあります。

　金融機関によって融資の姿勢や考え方は異なりますが、どんなに本部医療専門室で融資に前向きであっても、融資セクションで承認が取れなければ実行されないこともあれば、逆に本部医療専門室で融資に後ろ向きでも現場の支店で実行されることもあります。中には本部医療専門室の意向がかなり重視される金融機関もあります。そのような金融機関は、動きが非常にスピーディです。

　このように、金融機関によってその考え方や対応は異なりますので、われわれ税理士がいかにドクターの意向に沿った金融機関を紹介できるかが重要だと思います。

## 2　金融機関にとっての医療業界との関わり

　ここ十数年なかなか融資が伸ばせない経営環境にある金融機関にとって、医療業界は数少ない融資を伸ばせる業界だと思います。

　そして、おそらく時間の差はあれ、医療業界に詳しい税理士または医業コンサルタントがついていればほぼ回収はできていると思います。

　ですから、金融機関にとって回収可能性が高く、多額の融資実績をあげられる医療業界は非常に魅力的です。何とかして医療業界に近づいて融資したいと思っています。金融機関にとっては、開業予定のドクターに直接アプローチする方法もありますが、上記のように医療業界に詳しい税理士または医業コンサルタントと連携していれば、税理士等から事業計画とともに開業情報が上がってきます。ですから、金融機関はいかに自行と連携のとれる税理士または医業コンサルタントを発掘し、広げていくかが重要になっています。

　すでに病医院を専門としている税理士および医業コンサルタントには、いろいろな金融機関から何らかのアプローチがあると思います。

　筆者の事務所もある金融機関が医療業界向けの融資を開発する際に、ドク

ター側の意向を汲んだ商品開発を一緒に検討したことがあります。筆者の事務所の現場担当者は、毎月ドクターと打ち合わせをしていますし、開業案件の経験も豊富だったため、ドクター側のニーズを比較的身近で把握しています。

結果として、その金融機関の医療機関向けの融資商品はかなり評判となり、他の金融機関もその商品を相当意識していると聞いています。

## 3　どのようにしたら金融機関と連携がとれるのか

では、実際にどうすれば金融機関と連携がとれるのかを考えてみたいと思います。

すでに医療機関を1件でも顧問している税理士であれば、その顧問先に対してコストを度外視して徹底的なサービスを提供し、完全な信頼関係を築いた後にそのドクターから金融機関を紹介してもらうのが一番手っ取り早いと思います。

そこで、今後自分の会計事務所が医療業界に参入する方向性についてしっかりと金融機関に説明することが大切だと思います。そして定期的に情報交換し、どのような相談にも応じていくことが必要です。過去の実績があるかないか関係なく進めることです。

かつて、筆者もある金融機関から病院を紹介され、医療法人化について相談を受けました。その当時、筆者は医療法人化の実績はありませんでしたが、相当に時間を使い、調査研究し、相談に応じたことがあります。その後、医療法人化したことが契機となってその病院と顧問契約を結ぶことができました。

経験がないからといってその相談を断っていたら、今回のように顧問となることはまずなかったでしょう。

また、もし仮に医療機関に1件も関与していなかったとしても、上記と同様に他業種の顧問先の相談に徹底的に応じて信頼関係を築くことで、その経営者から金融機関を紹介してもらうべきです。

やはり紹介（口コミ）が一番です。そして金融機関からの紹介案件については、徹底的に調査研究するべく努めることです。誰でも最初はゼロからスター

トしているのです。

　ただし、金融機関との連携は継続することに意味があります。たまたま金融機関の担当者と連携がとれても数年経てば担当者は異動します。

　そして、なかなか前任の担当者から後任の担当者に引き継がれないものです。

　筆者の事務所は、事務所内部に医療業界を専門に関与・研修する医療専門室を設置し、ある金融機関本部の医業専門チームと定期的に情報交換、および、お互いテーマを持ち寄り研修する体制を構築しています。おそらくこのような仕組みを構築すると連携は継続すると思われます。

## 4　金融機関と連携して顧問先を獲得した事例

　筆者の事務所の場合を参考に、実際に顧問先を獲得した事例を紹介します。

### （1）　新規開業案件

　ドクターの中には、開業を検討している際に直接金融機関に相談に行かれたり、金融機関主催の開業セミナーに参加されるケースがあります。そのような場合、開業情報は金融機関にすべて集まります。

　金融機関は1人の税理士または医業コンサルタントとだけ提携していることはありませんので、諸状況を勘案して新規開業案件の紹介を受けます。

　中には、複数の税理士が各々ドクターに対して金融機関でプレゼンをしたうえで、ドクターに選んでいただくケースもあります。その際に大切なことは、事務所の考え方、業務内容、報酬等について具体的に説明することですが、おそらくドクターの決め手はその税理士の経験および実績だと思われます。

### （2）　クレーム先案件

　金融機関の担当者には、ドクターからさまざまな相談が寄せられると思いますが、当然会計事務所に対する以下のようなクレームもあると思います。

第4章　既存会計事務所が医療業界へ新規参入するノウハウ　99

- まったく相談に乗ってくれない
- 高齢化して話が通じない
- 先代からの付き合いで馴れ合いになっていて、実力がない
- 毎月の顧問料を支払っているだけで会計資料ができてこない
- いつも納税期日ギリギリに納付書を持ってくる
- 節税対策のようなことは相談できない
- 税務調査があったが、なぜか多額の税金を納めることとなった
- 税務調査で税務署の人と一緒になって責められた
- 医療業界のことがまったくわかっていない
- 相続・事業承継のことで相談したいが、頼りにならない
- 既存の税理士が亡くなってしまい、後継者不在でどうしたらよいか　等

　金融機関とすれば、既存の会計事務所とも取引があるのですぐに紹介するということは困難ですが、上記のようなクレームの起こらないことを前提に紹介してもらえる場合があります。

　この場合、問題となっているクレームは明らかになっており、留意するポイントはわかっているので、比較的、前の会計事務所との差別化はしやすいと思います。


## （3）　相続・事業承継案件

　一般の方でも、ドクターでも、税金のことは税理士がすべて当然熟知していると思っていますが、実際には法人税関係が得意だったり個人所得税関係が得意だったり、逆をいえば資産税関係はあまり得意でない方もいます。

　得意でない分野は後回しにする傾向がありますので、そのような税理士の顧問先である医療機関の中には、ドクターがかなりの高齢であるにもかかわらず何も相続対策を実行していないケースがあります。取引金融機関からドクターに対して何度か提案しても実際に顧問税理士が動かない場合、金融機関は、医療機関を得意とし、かつ、事業承継および相続等を得意としている税理士をド

クターに紹介することもあります。

これから社会全体で事業承継が進んでいく中で、われわれ税理士には各々のドクターのニーズに対応できる能力・体制（M＆A等を含む）がますます必要になってくることと思います。

## （4）　複雑で対応困難な案件

金融機関の本部医療専門室は、日々各支店から上がってくる医療機関に関する一般的な質問に対応していますので、相当の実力が備わっているものです。一般の税理士以上に経験豊富であることはいうまでもありません。

しかし、特殊な税務問題、または特殊な経営問題等についてはなかなか対応できないことも事実です。そのような問題が生じたときに頼りになる税理士として存在できていれば、金融機関から相当に信頼されることになるでしょう。

最近、ある個人医院のドクターが、2箇所で診療所を開設できないにもかかわらず2箇所目の不動産を地元からの要望で購入してしまい、ドクターからどうにかならないかと金融機関に問い合わせがあり、筆者の事務所に連絡がありました。

あらゆる検討をした結果、この事例の場合、もともと開業していた場所がへき地にあたり、診療日を曜日指定することで何とか2箇所目の診療所を開設することが可能になりました。なんでも当たって砕けろの精神です。

また、税務にまったく関係ありませんが、診療所の従業員の就業上の対応策についてのアドバイスを求められたケースもあります。税理士より社会保険労務士または弁護士の領域でしたので筆者の事務所と連携している社会保険労務士に相談に乗ってもらい対応しました。

結果としてはなかなか院長の希望に沿えなかった事例ですが、これを契機として顧問税理士を筆者の事務所に替えてもらえたので、なかなか解決できない問題でも、誠意をもって事にあたればコミュニケーションが生まれ、ドクターと顧問契約を結べることもあるのです。

（小山秀喜）

**COLUMN**

## ドクターがお金持ちと思うのは大間違い？

　皆さんはドクターはすべてお金持ちだと思っていませんか？　たしかにドクターの所得は、一般的なサラリーマンと比較してかなり高額であることは事実ですが、だからといってそれでお金持ちであるとはいえないのが現実です。

　稼いだ所得から銀行の借入金を返済したり生活費等で使ってしまったらお金は残らないのです。要は稼いだ所得以上に使ってしまったらお金は常にギリギリの状態で推移します。また、お金が足りなければすぐ借りればよいと考えているドクターが多いことも事実です。

　皆さんはドクターの派手な生活状況を見てお金持ちなんだろうと思っているにすぎません。

　もしかしたら、地味な生活をしているサラリーマンの家庭のほうがお金を持っていることもあるのです。

　筆者の顧問先ドクターで、典型的にお金があるように見えたが、実際はそうではなかった事例をお話しします。

　そのドクターは新規開業（産婦人科）でゼロからスタートされた方です。当然、開業当初の設備投資は金融機関からの借入れで調達し、最初の立ち上がりは少し苦戦したものの、場所柄、そして先生の人柄か年々分娩件数も増加していき、その後、高額納税者番付（**一口メモ**参照）に常に掲載されるようになりました。

　おそらく、一般の方々は高額納税者番付に掲載されている人たちはすべてお金持ちだろうと思っているでしょうが、実際にはそのドクターはまったく逆で常に資金不足の状態が続いていました。

　所得税および法人税は所得に対して課せられるものであり、いかに銀行借入金があっても一切税金の計算には関係がありません。さらに、税金負担と開業当初の借入金の返済が負担になっており、それ以上にドクターの浪費（高級外車、絵画、リゾート会員権の購入、投機運用、夜の飲食交遊等）が収まらず、高額所得をいいことにお金を使いまくりました。

筆者は常に指摘し続けましたが受け入れてもらえない状態が続きました。

しかし、経営は常に順風満帆に推移するとは限りません。そのドクターは体調を崩し、結果として分娩件数も減少し、医業収入はどんどん低下し、業者への支払いにも事欠くことになりました。銀行の借入金も返済できず、ついには経営を継続することができなくなってしまったのです。

このように、かつて高額納税者番付に載っていた人が、実は破産状態にあることは珍しくないのです。

お金はないのも悲劇、ありすぎるのも悲劇とよくいわれます。

お金の使い方は1人ひとり異なります。そこにドクターの人となりというものがよく見えるものです。

（小山秀喜）

---

一口メモ

### 高額納税者公示制度とは

日本では1947年から2005年まで高額納税者（年間所得税額が1,000万円を超える者）を公示する制度として導入されました。当初の制度の目的は「高額所得者の所得金額を公示することにより第三者のチェックによる脱税牽制効果を狙う」ことでした。

高額納税者の名簿はエリアごとに分け、住所・氏名まで掲載する形で市販されており、簡単に入手可能であったため、高額納税者に載ったことによって、団体・企業からの寄付の強要や営業攻勢、勧誘などにさらされ、また当該高額納税者の親族が窃盗・誘拐などの犯罪に巻き込まれるおそれがあったため、プライバシーの観点から廃止されました。

# 第5章

## 顧問契約した病医院を
## 離さないノウハウ

# 1 医療顧問先に対するサービス体制の強化

## 1　会計事務所としての基本を固める

### (1)　月次決算、巡回訪問の重要性

　税理士としてどんなに医療業界のことに精通していても、通常の税務・会計業務をドクターから顧問として依頼されている場合は、毎月の以下の基本業務を適時適正に実行すべきです。

- 月次試算表（損益計算書・貸借対照表）の作成または監査業務
- 医業収益の分析表（A図）
- キャッシュ・フロー表の作成（B図）
- 医業費用の分析表
- 上記資料に基づく報告および質問相談業務

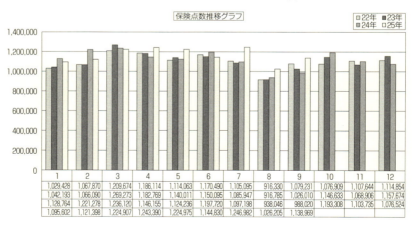

（A図）○○○クリニック　月間患者データ管理グラフ

第5章 顧問契約した病医院を離さないノウハウ　105

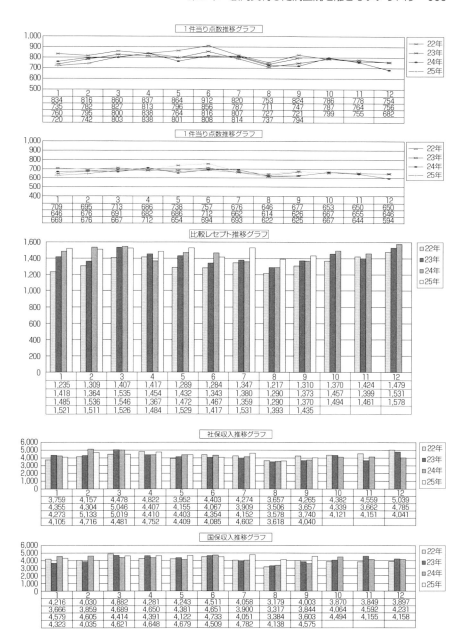

(B図) キャッシュ・フロー表　　　　　　平成○○年度　○○○クリニック

| 収支区分 | 平成23年2月 | 平成23年3月 | 平成23年4月 | 平成23年5月 | 平成23年6月 | 平成23年7月 | 平成23年8月 | 平成23年9月 | 平成23年10月 | 平成23年11月 | 平成23年12月 | 平成24年1月 | 合計 | 1月平均 |
|---|---|---|---|---|---|---|---|---|---|---|---|---|---|---|
| ＜経常収入＞ | | | | | | | | | | | | | | |
| 保険診療収入 | 1,731,843 | 1,737,130 | 1,683,450 | 1,394,376 | 1,492,126 | 1,384,050 | 1,521,483 | 1,529,893 | 1,644,463 | 1,528,916 | 1,704,010 | 1,634,546 | 18,996,296 | 1,582,191 |
| 自由診療収入 | 498,236 | 187,260 | 176,565 | 2,547,361 | 92,217 | 359,482 | 629,826 | 890,690 | 3,340,031 | 4,717,825 | 2,981,106 | 1,813,557 | 18,234,156 | 1,519,513 |
| その他収入 | 150,010 | 304,840 | 250,030 | 268,427 | 250,010 | 250,920 | 252,320 | 251,540 | 250,020 | 262,568 | 250,010 | 250,010 | 2,990,705 | 249,225 |
| 振込保険収入（医療） | 6,612,030 | 6,488,817 | 6,606,246 | 6,492,376 | 6,186,062 | 6,159,467 | 6,258,886 | 6,930,621 | 6,508,386 | 6,707,821 | 6,945,547 | 7,092,594 | 79,668,853 | 6,639,071 |
| 振込保険収入（介護） | 1,095,394 | 1,005,719 | 905,646 | 1,088,539 | 1,026,067 | 1,455,286 | 1,377,905 | 1,606,351 | 1,120,564 | 1,367,473 | 1,621,878 | 1,126,130 | 15,176,982 | 1,264,748 |
| 窓口・利用者負担収入 | 81,421 | 372,889 | 210,557 | 219,473 | 296,003 | 323,630 | 344,618 | 378,458 | 341,490 | 236,275 | 277,482 | 347,102 | 3,429,398 | |
| 受取利息 | 1,118 | 41 | | | 339 | | 1,040 | 12 | | | | | 2,550 | |
| 雑収入 | 680 | 259,929 | | | | | 770 | | | | 840 | | 261,819 | |
| | | | | | | | | | | | | | | |
| ＜経常収入計＞ | 10,170,732 | 10,356,225 | 9,832,514 | 11,990,552 | 10,022,485 | 9,933,184 | 10,386,848 | 11,587,565 | 13,604,954 | 14,820,878 | 13,780,873 | 12,283,339 | 138,750,749 | 11,562,562 |
| ＜経常支出＞ | | | | | | | | | | | | | | |
| 薬品仕入高 | 398,649 | 467,254 | 106,076 | 178,492 | 220,040 | 1,099,791 | 1,405,712 | 1,125,722 | 623,614 | 863,548 | 693,395 | 518,166 | 7,700,459 | 641,705 |
| 診療材料仕入高 | 365,378 | 210,904 | 166,707 | 177,884 | 247,496 | 185,842 | 259,716 | 160,228 | 237,432 | 147,969 | 292,928 | 285,038 | 2,717,222 | 226,435 |
| 給与費 | 260,400 | 218,400 | 260,400 | 218,400 | 176,400 | 248,865 | 248,850 | 218,400 | 188,000 | 260,400 | 302,400 | 260,400 | 2,841,300 | |
| 委託費 | 202,515 | 232,000 | 225,641 | 191,310 | 223,009 | 223,091 | 201,942 | 243,821 | 280,763 | 743,689 | 677,113 | 693,269 | 4,151,163 | 345,930 |
| 賃借料 | 2,063,920 | 2,172,362 | 2,401,419 | 2,005,144 | 1,693,325 | 1,777,637 | 2,748,496 | 4,043,690 | 3,245,548 | 3,245,548 | 2,958,825 | 3,156,598 | 32,213,799 | 2,684,483 |
| 年賃払金 | -2,172,362 | -2,401,419 | -2,005,144 | -1,693,325 | -1,777,637 | -2,748,496 | -4,043,690 | -3,994,411 | -3,159,616 | -2,956,025 | -3,156,598 | -2,660,935 | -32,772,258 | -2,731,022 |
| （仕入・外注計） | 1,118,500 | 889,501 | 1,155,099 | 1,077,705 | 785,633 | 776,715 | 821,026 | 1,797,450 | 2,302,429 | 2,302,429 | 1,787,863 | 2,252,536 | 16,851,685 | 1,404,307 |
| 労務費 | 2,225,656 | 1,237,544 | 2,437,447 | 2,410,045 | 4,481,317 | 3,351,982 | 2,300,281 | 2,640,166 | 2,514,090 | 4,384,785 | 4,384,785 | 712,694 | 30,578,194 | 2,548,183 |
| 減価償却費 | 1,454,241 | 2,017,992 | 1,769,551 | 2,574,326 | 1,717,311 | 3,351,982 | 2,246,881 | 2,009,825 | 1,717,730 | 2,232,926 | 2,196,058 | 2,122,463 | 25,119,925 | 2,093,327 |
| 固定資産税 | 3,400,000 | 3,400,000 | 3,480,000 | 3,480,000 | 3,480,000 | 3,480,000 | 3,480,000 | 3,480,000 | 3,480,000 | 1,941,565 | 3,480,000 | 3,480,000 | 38,120,000 | 3,176,667 |
| 一般管理費 | 505,249 | 476,445 | 607,201 | 321,600 | 257,635 | 218,897 | 564,816 | 481,631 | 287,535 | 274,877 | 258,301 | 235,759 | 4,489,946 | 374,162 |
| 賞与未払費用 | -1,393,646 | -1,393,646 | -2,700,168 | -2,700,168 | -1,047,527 | -1,492,048 | -1,492,048 | -1,047,527 | -1,047,527 | -1,047,527 | -1,047,527 | -1,514,011 | -17,418,819 | -1,398,324 |
| 賞与分割積立費用 | 14,104,009 | 13,852,209 | 13,600,409 | 13,348,609 | 13,096,809 | 12,845,009 | 12,593,209 | 12,341,409 | 12,089,609 | 11,837,809 | 11,586,009 | 11,334,209 | -16,787,085 | -1,398,924 |
| 賞与分割積立預入金 | -13,852,209 | -13,600,409 | -13,348,609 | -13,096,809 | -12,845,009 | -12,593,209 | -12,341,409 | -12,089,609 | -11,837,809 | -11,586,009 | -11,334,209 | -11,082,409 | 152,629,308 | 12,719,109 |
| 退職給与引当費 | -400,000 | -400,000 | -400,000 | -400,000 | -400,000 | -400,000 | -400,000 | -400,000 | -400,000 | -400,000 | -400,000 | -400,000 | -149,893,886 | -12,491,141 |
| （その他計） | -699,500 | -685,742 | -703,670 | -700,360 | -598,910 | 3,512,207 | -855,630 | -702,860 | -593,440 | -593,440 | 4,061,083 | -4,791,697 | -4,800,000 | -400,000 |
| 支払利息 | 50,974 | 50,042 | 48,676 | 47,772 | 46,866 | 45,958 | 45,047 | 44,135 | 43,221 | 42,305 | 41,387 | 48,997 | 6,200,585 | 516,715 |
| 合計 | 8,791,411 | 6,385,581 | 8,201,583 | 10,429,351 | 7,981,578 | 15,274,355 | 8,898,742 | 9,602,147 | 9,387,314 | 9,532,462 | 5,475,917 | 10,482,430 | 555,580 | 46,282 |
| 経常収支 | 1,379,321 | 3,970,644 | 1,630,931 | 1,561,001 | 2,040,907 | -5,341,171 | 1,488,106 | 1,995,418 | 4,227,640 | 5,228,416 | -1,695,044 | 1,781,509 | 10,040,256 | 836,688 |
| | | | | | | | | | | | | | 18,267,678 | 1,522,307 |
| ＜財務収入＞ | | | | | | | | | | | | | | |
| 長期借入金返済 | 421,722 | 422,654 | 424,020 | 424,924 | 425,830 | 426,738 | 427,649 | 428,561 | 429,475 | 430,391 | 431,309 | 423,699 | 5,116,972 | 426,414 |
| 保険積立金 | 222,619 | 222,619 | 222,619 | 222,619 | 222,619 | 222,619 | 222,619 | 222,619 | 222,619 | 222,619 | 222,619 | 222,619 | 2,671,428 | 222,619 |
| 固定資産購入 | | | | | | | | | 64,367 | 192,885 | 61,070 | 64,477 | 9,880,837 | 823,403 |
| 役員借入金返済 | 8,713,254 | 114,610 | 93,597 | 68,010 | 302,420 | 63,787 | 67,720 | 74,630 | | | | | 14,400,392 | 1,200,033 |
| 役員借入金補充 | 1,200,041 | 1,200,000 | 2,400,000 | 2,400,000 | | 339 | 2,400,000 | 1,200,000 | 1,200,000 | 1,200,000 | 2,400,000 | | 4,677,953 | 389,829 |
| 短期借入金返済 | 4,025,832 | 27,892 | 80,492 | 230,180 | 302,420 | | | 11,137 | | | | | | 0 |
| 短期借入返済 | | | | | | | | 11,137 | | | | | | 0 |
| 長期前払保険料 | | | | | | | 208 | | | | | | | 0 |
| 法人税等 | 222 | 1,329,500 | | | | | | 1,199,300 | | | | | 2,529,230 | 210,769 |
| 合計 | 14,583,690 | 3,317,275 | 820,728 | 3,345,733 | 2,463,289 | 7,136,800 | 3,118,196 | 3,136,259 | 1,916,461 | 2,045,905 | 714,998 | 3,110,795 | 39,278,812 | 3,273,068 |
| 差引不足額 | -13,204,369 | 653,369 | 810,203 | -1,784,732 | -412,382 | -6,054,654 | -1,630,090 | -1,150,841 | 2,321,179 | 3,182,511 | -2,410,042 | -1,329,286 | -21,009,134 | -1,750,761 |
| ＜財務支出＞ | | | | | | | | | | | | | | |
| 短期借入金 | 4,101,792 | 1,444,110 | 93,597 | 68,010 | 302,420 | 7,136,800 | 58,200 | 1,210,437 | 69,743 | 293,910 | | | 14,779,019 | 1,231,585 |
| 長期借入金 | -9,102,577 | 2,097,479 | 903,800 | -1,716,722 | -1,090,062 | 1,082,146 | -157,890 | 59,596 | 2,390,922 | 3,476,421 | -2,410,042 | -1,329,286 | -6,230,115 | -519,176 |
| 定期積立金 | 19,756,722 | 767,497 | 903,800 | 683,278 | -1,000,088 | -5,917,515 | 829,110 | 60,308 | 2,359,922 | 4,676,421 | -2,410,042 | 1,070,714 | -1,358,423 | |
| （財務支出） | 10,654,145 | 10,654,145 | 12,751,624 | 13,655,424 | 11,938,702 | 11,828,740 | 12,910,886 | 11,338,996 | 11,398,592 | 13,789,514 | 11,265,935 | 14,855,893 | 19,756,722 | |
| 差引総資金過不足 | 12,751,624 | 12,751,624 | 13,655,424 | 5,895,297 | 11,348,609 | 12,910,886 | 11,338,996 | 11,398,592 | 13,789,514 | 11,265,935 | 14,855,893 | 13,526,607 | 19,756,722 | 437,518 |
| 期末流動残高 | 3,624,797 | 3,495,297 | 3,495,297 | 5,895,297 | 7,095,297 | 95,636 | 2,495,636 | 2,496,636 | 3,696,348 | 3,696,348 | 4,896,348 | 4,896,348 | 7,296,348 | |
| 期末総資産残高 | 14,278,942 | 16,246,921 | 17,150,721 | 17,833,999 | 18,924,037 | 13,006,522 | 13,834,632 | 13,894,940 | 17,485,862 | 22,162,283 | 19,752,241 | 20,822,955 | | |

第5章　顧問契約した病医院を離さないノウハウ　107

　月次試算表の作成（入力）をしない方針の会計事務所もありますが、筆者としては、ドクターが特に希望するなら、その業務を引き受けてよいと思っています。ただし、入力データについては責任をもって作成する必要がありますし、内部統制上重要な現金管理・医療未収入金の管理・買掛金等債務管理・在庫管理・固定資産管理等の仕組みは、初期指導で徹底しておく必要があります。

　毎月、病医院に訪問し、直接ドクターにお会いすることが非常に大切だと思います。上記内容について、定例的な報告をするとともにドクターからいろいろな相談を受ける仕組みが必要です。

　その場で会計事務所の担当者が回答できない場合、事後または次回にきちんと回答するということや、ドクターと担当者のやりとりについては、すべて責任者である税理士が把握しておくことも必要です。

　ドクターからいつ連絡が入っても、基本的な応対ができる仕組みを構築しておくことが、会計事務所の信頼につながると思います。

　会計事務所の担当者の中には、毎月医業収益が減少していることを繰り返し指摘する人もいますが、それはドクターにとってあまり気持ちの良いものではありません。コンサルティングスキルである対人感受性は、一担当者であっても必要です。毎月医業収益が減少していたら、ドクターの反応を見て同診療科他病医院の状況またはその分析および対応策等の話に持っていくことが得策です。

　ドクターはもとより、経営者には損益計算書の利益の説明よりもキャッシュ・フロー（お金の動き）の説明をしたほうがよく理解されます。

　医業収益がいくらで、医業コストがどれだけ発生し、これだけ利益が出ている、という説明も大切ですが、それよりも、いくら入金され、いくら支払い、月末の資金はどのくらいになったかを説明するほうが理解されやすいのです。いわゆる勘定合って銭足らずをきちんと説明できなければなりません。

　そして、金銭感覚が特にルーズなドクターに対しては、常に借入金残高を伝え、この借入金返済のためには、税負担を考慮して、いくらの医業利益を獲得しなければならないかを常に説明することが大切です。さらに、医業利益を獲

得するために1日何人の患者が必要なのかまで掘り下げることで、よりいっそうドクターと数字を共有することができます。銀行借入金のあるリスクを知ってもらう必要があります。

さらに、毎月の訪問の中の会話で、仕事以外の趣味等の話ができるような関係ができれば、きっとドクターとの人間関係がさらに深まると思います。

## （2） 決算予想、決算対策の重要性

毎月の訪問の中で、半期または決算月には年間の利益予想および納税予想も必要となります。一番いけないのは、いざ決算申告になって、それも納付期限ぎりぎりになってすぐに用意できない納税額を伝えることです。これを二度、三度繰り返したらすぐに顧問契約解除となるでしょう。

場合によっては、ドクターからその納税額を拒否され、慌てて節税対策的なことをすることがあるかもしれませんが、そのような行為は仮装隠蔽として重加算税の対象になる可能性が高いといえます。

毎月訪問していれば、年間利益予想の中から税金対策を余裕もってドクターと話し合い理解してもらったうえで実行できます。

そして、われわれ税理士が気をつけなければならないのは、節税対策を最優先事項にしないことです。会計事務所の副収入稼ぎの保険加入等を提案するのではなく、あくまでも病医院の健全経営を目的として各種リスク対策のうえから提案すべきです。

「たらいの水を自分のほうに引き寄せれば引き寄せるほど水は逃げてゆく。たらいの水を相手に押しやればやるほど自分のほうに帰ってくる」という二宮尊徳の言葉のとおりです。

ドクターは、同業他病医院のデータ比較に非常に興味を持ちます。決算時に自院の経営分析データと他病医院のデータ（TKC指標等）を比較し、その結果を伝えたり、または筆者の関与している他病医院のデータとして看護師等の給与・賞与・昇給等の水準または予防接種の料金等（自由診療）の水準について伝えたりすると非常に喜ばれます。

第5章　顧問契約した病医院を離さないノウハウ　109

　顧問契約した病医院とは、お互い永い関係を続けていきたいものです。

## 2　病医院経営に役立つ経営管理サービスの提供

　一般的な病医院のドクターであれば、上記業務でほぼ足りることでしょう。しかし、経営者的なセンスを備えたドクターの場合、病医院経営に役立つ経営管理業務を提供することになります。

　まず、月次決算を病医院の業績管理レポートとしてタイムリーに報告できる仕組みが大切です。ドクターは数か月も前の業績について説明を受けてもほとんど興味を持ちません。直近の業績の報告が大切です。それも、通常の損益計算書や貸借対照表の報告だけでなく、できる限り各々の病医院にとって最重要経営指標を定め、その指標がどうなっているのか、そして関連経営指標をあわせ、すべての業績管理報告を1枚のレポートにすることが大切です。

　最重要経営指標とは、その病医院にとって一番重要な、時としてその指標さえわかっていれば、ある程度、病医院の経営全体が把握でき、かつ、病医院のトップから末端のスタッフまでが理解してその指標を日々意識し、改善できるようなものです（たとえば、1日当たりの外来患者数等）。

　この業績管理の1枚のレポートを病医院のトップから管理スタッフまでが業績管理の土台として活用していくことが非常に大切です。

　そして、病医院全体（グループ全体）の業績管理がある程度できるようであれば、次に部門別（各クリニック別・関連会社別等）に分解した業績管理レポートが必要になります。

　たとえば、いわゆる本部費という経営管理費的な要素を各部門が負担する仕組みにした医療機関があります。各部門は本部費を負担した後の利益を部門利益として認識しています。各部門間（関連グループ間）を横並びで比較できる業績管理レポートにすると結果として各部門間で刺激となり適度な緊張が生まれます。

　部門別の業績管理が定着したら、次に目標管理的な予算等の要素を取り入れることをお勧めします。

何事もただ実績の成り行きを把握するだけでなく、目標設定することで、実績と比較検討し経営状態を向上させていくことが可能となりますし、これから病医院の経営環境が劇的に変化しても、予算管理制度が定着していれば業績をコントロールすることも可能となります。

　また、通常は大型の設備投資を実行する場合、金融機関に融資を申し込む際には、会計事務所が事業計画書を策定することになりますが、できれば会計事務所が関与先病医院の経営管理者に投資回収計算の考え方について十分に教育したうえで、自院内で事業計画書が策定できればそれに越したことはありません。自院に経営管理機能が備わることになるからです。常に投資に対する回収という意識を持つことが病医院内に定着することで、過大投資・無駄な投資は極力抑えられることとなります。

　おそらく、病医院経営の破綻原因として最も多いのは、投資の失敗によるものでしょう。

## 3　病医院経営のあらゆるリスクから守る（問題解決の窓口）

　ドクターは日常生じたあらゆる経営問題について、この問題は税金関係だから税理士、これは法律関係だから弁護士、これは人事労務関係だから社会保険労務士、これは各種申請書類だから行政書士と分けて相談することは、まずないでしょう。ドクターにとって、どの士業がどの分野の専門家なのかはわからないものです。

　ドクターは顧問税理士に相談すればすべて問題解決してくれるものだろうと思っているのであり、そのような顧問税理士を非常に重宝していると思います。

　しかし、われわれ税理士は、当然自分の分野以外は対応不可能ですから、その専門家を紹介するか、提携している専門家から回答をいただいて対応することになると思います。要は、顧問税理士が医療業界にかかわる専門家と常に連携をとれていることが非常に重要です。ドクターの相談に対して、顧問税理士が問題解決の窓口となり、タイムリーかつ的確な回答ができる体制を構築することが顧問契約を継続できる成功要因になると思います。

第5章　顧問契約した病医院を離さないノウハウ　111

　筆者は、医療顧問先と、以下のようにリスク管理について話し合っています。

　病医院を経営しているドクターには、日々さまざまなリスクが発生していま
す。たとえば、医療事故の対応、接遇対応、スタッフの採用、退職・教育訓練
およびスタッフ間のトラブル、取引業者とのトラブル等あらゆる問題が降りかか
かってきますが、実際にはすべてに対応することはできませんし、本業の医療
行為に支障が出るため、すべてに対応してはいけないと思います。

　発生したさまざまな問題については、顧問弁護士、顧問税理士または顧問社
会保険労務士等にすべて任せ、本業の医療に専念しないとますます問題が広が
り収拾がつかなくなるケースがあります。自己の病医院の顧問弁護士等がいな
い場合は、医師会顧問の弁護士等に相談すべきです。肝心なことは、問題を先
送りすることなくすぐに専門家に相談し、対応を任せることだと思います。ド
クター自身が対応することは、極力避けることです。

　そして、医療事故等の発生リスクの高い産婦人科等については、最初から顧
問弁護士（医療業界のことに詳しい医師側の弁護士）と契約しておくことが望ま
れます。


　ドクターも人間です。いつ、いかなることが起きるかわかりません。筆者も
かつて、開業数年にして突然ドクターが亡くなられたケースや、突然病に倒れ
たケース等を直に経験し、常にリスク管理を意識するようになりました。

　前者の場合、開業数年ですので多額の負債がありましたが、結果として保険
金の対応で事故にならずに済み、後者も数か月医院を休業しただけで済んだた
め休業保障で対応でき、ドクターが無事復帰して診療を続けています。

　やはり、われわれ税理士こそさまざまな経験をしている専門家として、ドク
ターに対して的確なアドバイスをしなければなりません。ドクターにとって、
自分の病医院の経営は、１回限りで初めてであり最後でもあるのです。


　税理士も常にさまざまな局面でリスクを負っています。特に税務上のリスク
を少しでも回避すべく筆者の事務所では、かなり判断に迷う事例や税務調査対

応については、国税の審理を担当された税理士（いわゆる OB 税理士）と連携をとり、少しでもリスク回避すべく努めています。

税務判断のことで問題が発生したら、われわれ税理士は当然ドクターからの責任追及を逃れることはできません。

## 4　ドクターにとってプライベートのライフプラン等を含めた相談窓口

通常、われわれ税理士は、病医院経営者であるドクターから病医院経営という事業について仕事をいただいています。病医院の開業時に縁あって知り合い、顧問税理士として病医院の経営という側面から一生涯お付き合いさせていただくものです。場合によっては、次の後継者のドクターへの事業承継についての相談にも乗ります。

当然ドクターと顧問税理士との間に深い信頼関係が構築されれば、ドクター個人のプライベートのライフプランについても一緒に考えていくことになります。筆者の事務所でも、ドクター個人のライフプランを一緒に策定し、そのプランを達成するために病医院経営をどのように行っていくかといった商品を開発検討中です。実際には、商品というより、これまで各々のドクターごとに対応してきたものを統一的な様式にまとめているところです。

以下、そのパンフレットの一部をご紹介させていただきます。

（小山秀喜）

第5章 顧問契約した病医院を離さないノウハウ　113

先生お一人、お一人の価値観が違う分だけ、先生だけの人生計画があるのではないでしょうか。ご家族とゆったりと人生を楽しまれる"悠々人生計画"、患者さんやスタッフの方との毎日の笑顔を大切にされる"ニコニコ人生計画"、教育資金や老後生活費に余裕を持つ"安心人生計画"、または世界にも通用する日本一の医療を目指し日々前進されていく"ガンガン人生計画"などなど。
そんな院長先生ご自身の人生計画を、数字によって具体的に作成してみませんか？
これから激しさを増す激動の時代に向けての"ぶれない軸"づくりへのお手伝いをさせて頂きます。

## ○人生計画書とは？

先生の価値観に沿ったライフプラン、そのプランを達成する為の経営計画、そしてその計画を実現させるために必要な目標設定までを一気通貫にして数字化した計画書です。

ステップ①　ライフプラン策定
　　　　　家計に必要な収入額を算出

ステップ②　経営計画策定
　　　　　院長所得を確保する経営計画策定

ステップ③　目標患者数策定
　　　　　計画実現の為の目標値を設定

## ○人生計画を実現して頂くための支援内容

先生の人生計画を実現して頂くために必要となる各種支援を、ニーズに合わせてご提案致します。
（支援内容、組み合わせに応じて別途料金となります。）

| | |
|---|---|
| ・保険見直し | ・資産運用見直し |
| ・相続対策 | ・後継者向け経営塾　等 |
| ・経営理念策定 | ・SWOT分析 |
| ・事業承継対策 | ・分院・介護シミュレーション　等 |
| ・患者アンケート | ・診療圏分析 |
| ・スタッフ適正診断 | ・接遇ミーティング　等 |

## ○サービス料金

現状での計画書作成の他に税制改正や診療報酬改訂などの外部環境の変化、またはご家族の誕生やお亡くなりになることによる内部環境の変化に合わせて決算時にメンテナンスを行わせて頂くコースもご用意致します。先生のニーズに合わせてお選び下さい。

＊基本料金　　計画書作成○万円　＋　メンテナンス1年間につき△万円

① 松コース（10年間保守）・・・　○○万円 ⇒ △△万円

② 竹コース（ 5年間保守）・・・　○○万円 ⇒ △万円

③ 梅コース（現状での作成のみ）・・・○万円

## ○お問い合わせ・お申込み先

サービスについての詳細は担当者または下記までお問い合わせください。先生のお役に立てる計画書を作成できるよう可能な限りご要望にお応えさせて頂きます。

　尚、まことに勝手ながら正式なサービス開始は平成××年×月×日とさせて頂きますのでご了承下さい。

 医業支援専門室

第5章　顧問契約した病医院を離さないノウハウ　115

## ② 税務調査は税理士の力量が試される機会

### 1　ドクターにとって税務調査とは

　おそらく大半の税理士は、同業者である他の税理士と談話をし、その税理士の作成した申告書・決算書等を見ればその税理士の品質レベルはおおよそ見当がつきますが、ドクターはその税理士の品質レベルは医療業界の知識は別としてまったく見当がつかないと思われます。

　ドクターにとって自院の顧問をしている税理士の品質レベルは、普段の業務からはなかなかわかりませんが、税務調査の際にけっこうわかるものです。

　税務調査は、顧問の税理士を改めて信頼し、頼もしく思うこともあれば、逆にまったく役立たずと思うきっかけにもなるのです。

　そのようなことで税務調査は、ドクターにとっては顧問税理士を評価する機会になり、税理士にとっては評価される機会にもなるのです。


　普段、ドクターは自院の会計・税務はすべて税理士に任せているケースが多いと思われます。よって、税務調査は直接に関係することはないと思っています。

　一般的には、ドクター自らが税務調査そのものの対策等を検討することはありません。事前に税理士から税務調査の意義および段取りスケジュール等の説明を受け、当日は診療の合間に税務職員に挨拶をし、最後に調査の結果報告を受けるくらいかと思います。

　しかし、中には例外的にドクター自らが恣意的に医業収益を除外したり、架空経費、架空人件費の計上を会計事務所に黙って実行しているケースがあります。そのようなドクターにとっては、税務調査が入るとわかったら大変です。おそらく税務調査当日まで何も会計事務所に連絡しないのは稀で、大半のドク

ターは税務調査日までに「実は○○をしていました」と税理士に頭を下げて報告に来るものです。

　われわれ税理士は、そのときになって報告に来られてもタイムオーバーです。何も対応することができません。というより何もしてはいけません。そのままの状態で調査を受けるしかありません。

　そのようないやな思いを経験したドクターは、二度といやな思いをしたくないことに気がつくことと思われます。

　先日も、個人開業から医療法人化した医療機関に開業以来初めて税務調査が入りました。筆者の事務所は、その医療機関のドクターは納税意識も高く間違ったことが嫌いな方なので、まったく問題のない医療機関だと思っていました。その調査にあたった調査官はまだ新人で税務調査経験がなく、医療機関の会計の仕組み等について筆者の事務所からレクチャーしたいくらいでした。

　調査が終了した後、連絡がない状態が続きましたが、しばらくして、調査官から直接ドクターに確認したい事項がある旨の連絡がありました。実は医療機器の納入日について、反面調査でその医療機器メーカーに直接問い合わせたところ、メーカーからの納入日と異なり決算前に医療機器を納入したことになっていたことが発覚しました。

　その結果、医療機器の納品日を仮装隠蔽したとして重加算税の対象となってしまいました。

## 2　会計事務所にとって税務調査とは

　会計事務所にとって顧問先の税務調査の立会いは、当然業務上慣れているものではありますが、それでも何度経験してもあまり気持ちの良いものではないと思います。人間誰しも自分の作成した書類を他人に見られケチをつけられるのはおもしろくありません。

　どの会計事務所も、おそらく完璧な決算書類・申告書類を作成・提出しているにもかかわらず、税務調査で会計事務所のミスを指摘されることがまったく

ないとは言い切れません。

　ですから税務調査は、会計事務所にとっても自分たちの仕事を評価される重要な機会となるのです。

　よく大口をたたく税理士の中には、「私が署名していれば税務調査はない」とか「私は税務署に対して力があるから問題が発生しても何とでもなる」等と言っている方がいますが、そのような方々はいざ税務調査の立会いのときに行方不明（？）になるケースがあります。税務調査で税理士の本性もばれることになるのです。

　逆に非常に稀なことではありますが、税務調査の際に会計事務所の仕事が税務署から評価されることもあります。実際に医療機関の関連法人の調査を受けた際、「これだけのスキームを考えられる会計事務所はめったにない」と税務調査官に言っていただいたことがあります。筆者とすれば顧問先自身もあまり理解していなかったスキームについて税務署側から評価されたことに満足感を感じると同時に、税務署にも理解力のある素晴らしい行政マンがいらっしゃることに敬意を感じました。


　しかし、最近の税務調査は調査官の経験不足・勉強不足が気になります。筆者が前もって問題点となることをドクターに指摘してあっても、その問題点を指摘することなくスルーしてしまうことがあるのです。すると、そのドクターは、その事項がすべて認められたと錯覚を起こし、ますます増長してしまいます。

　筆者は、税務調査は社会制度的に必要と思っています。やはり、世の中には適度な緊張が常に必要です。税務調査のない団体は、結果としてかなりルーズな会計を続けています。そして究極的には、税務調査がなければあえて会計事務所に、通常の業務を頼まないのではないか、そんな気がしています。

## 3　税務調査によりドクターが税理士に対して不信感を持った
　　ケース

　以下、簡単に筆者が経験した、税務調査によりドクターが税理士に対して不信感を持ったケースについて列挙してみたいと思います。

---

- 税理士が税務調査立会いの際、いつの間にか顧問先の立場から税務署側の立場に変わってしまった場合
- 税務署に対して顧問先の言い分を理解せず、逆に税務署の主張を信じるような言動、態度が見えた場合
- ドクターにとってわけのわからない多額の増差税額が発生した場合
- 日頃会計事務所に相談していたにもかかわらずその相談事項が税務調査で否決された場合
- 明らかに会計事務所の申告書上のミス（節税対策を実行していないことも含む）が発覚した場合
- 会計事務所のミスを隠そうとした場合または責任を転嫁した場合
- 税務調査が多い会計事務所であることが判明した場合　等

---

## 4　上記税務調査事例から税理士は何を学ぶか

　税理士にとって税務調査の際、申告是認を税務署から受けることは、普段の自分の仕事が正しいというお墨付きをもらったようなものですが、申告是認を目的に常に保守的（税務署寄りの考え方）になってはいけないと思います。

　税理士は、顧問先に対して1円たりとも無駄な税金を支払わせてはいけない使命があります。

　税理士は、いつ税務調査があろうと責任をもって対応できるだけの理論的裏付けと証拠資料を常に準備しておかなければなりません。

　しかし、絶対にミスをしないという保証はありません。筆者の事務所でも過去のミスから同じミスを二度と繰り返さないために所内のチェック体制を三重

にし、重要個別案件については所内外から有識者を集め、検討する体制を構築しています。

そして、ドクターに対しては、税務調査結果についてすべて隠すことなく報告することを心がけています。

## 5　税務調査と顧問税理士の変更

税務調査により税理士に対して不信感を持ったドクターは、ドクター仲間・金融機関または取引業者等に相談するケースがほとんどだと思いますので、そこから紹介を受けるのが一番得策だと思います。

いま、自院の顧問税理士に不満を持っている方に税理士を無料で紹介する民間会社が多数ありますが、私は税理士としてそのような民間会社に登録しないことをお勧めします。やはり取引金融機関・取引業者や現在の顧問先からの口コミによる紹介が一番有効です。

そしていざ紹介を受けて税務調査の結果を確認し（中には調査中もありますが）顧問契約をするか否かを検討するわけですが、明らかに会計事務所の責任による修正事由の場合は、その問題点を改善する方向で顧問契約することが望ましいです。

しかし、税務調査結果の中にドクター側の問題があるにもかかわらずすべて会計事務所の責任と認識しているドクターの場合は、顧問契約をするか否かについて十分に検討しなければなりません。そのようなドクターは、将来必ず会計事務所とまた問題を引き起こす可能性があるのです。

やはり顧問先とは、永続的にお互いに信頼関係を持ち続けていきたいと思います。

（小山秀喜）

# ③ 申告書を見ただけでわかる間違いは顧問先の信頼を失う

## 1 医療法人の申告書は税理士の実力をはかることができる

医療法人の場合、申告書を見るだけでその税理士が医療業界に詳しいかどうかだいたいわかります。

医療法人は税務署に提出する申告書だけでも別表、内訳書、決算書がありますし、消費税課税事業者であれば消費税申告書もあります。また、都道府県や市区町村に提出する法人住民税申告書もあります。特に法人事業税は社会保険診療に係る所得が非課税であるため、必ず所得金額の計算明細書が添付されているので収入の内訳がほぼわかります。

これに対し、個人開設の医療機関の場合は申告書を見ただけでは判断できない場合が多いです。所得税申告書に添付する決算書は統一された様式で勘定科目が限られていますし、別表や内訳書がありません。このため、所得税申告書だけでは医療業界に詳しいかどうかを判断する材料が少なすぎます。

## 2 法人税申告書でよくみられる間違い

### （1） 医療法人に別表二は要らない

医療法人は医療法の規定に基づく法人であり、会社法の規定に基づく会社ではありません。

したがって、医療法人は法人税法上の同族会社には該当しないので別表二「同族会社等の判定に関する明細書」は不要です。

申告書作成ソフトによっては医療法人だと別表二が作成できないものもあるそうです。

医療法人の法人税申告書に別表二が付いている時点で間違っているのに、さらに議決権の数を間違っているものを見たことがあります（図1）。

第5章　顧問契約した病医院を離さないノウハウ　121

　医療法人は社員1人が1票の議決権を持っており、出資金額の多寡は議決権に関係ありません。図1のような別表二を見ただけで医療法人のことを全然知らないということがわかります。

図1　間違った別表二の記載例

| 判 定 基 準 と な る 株 主 等 の 株 式 数 等 の 明 細 | | | | | | | |
|---|---|---|---|---|---|---|---|
| 順位 | 判定基準となる株主（社員）及び同族関係者 | | 判定基準となる株主等との続柄 | 株 式 数 又 は 出 資 の 金 額 等 | | | |
| | | | | 被 支 配 会 社 で な い 法 人 株 主 等 | | そ の 他 の 株 主 等 | |
| 株式数等 議決権数 | | | | 株式数又は出資の金額 19 | 議決権の数 20 | 株式数又は出資の金額 21 | 議決権の数 22 |
| | 住 所 又 は 所 在 地 | 氏 名 又 は 法 人 名 | | | | | |
| 1 | 東京都新宿区新宿 | 新宿太郎 | 本 人 | | | 5,000,000 | 5,000,000 |
| 〃 | 東京都新宿区新宿 | 新宿花子 | 配偶者 | | | 3,000,000 | 3,000,000 |

## （2）　役員報酬手当等及び人件費の内訳書の不適切な記載例

　勘定科目内訳明細書⑭に役員報酬手当等及び人件費の内訳書がありますが、この内訳書の理事長の記載が不適切なものを見かけます（図2）。

図2　不適切な役員報酬手当等及び人件費の内訳書の記載例

| 役 員 報 酬 手 当 等 の 内 訳 | | | | | | | | | |
|---|---|---|---|---|---|---|---|---|---|
| 役職名 担当業務 | 氏　　名 住　　　所 | 代表者との関係 | 常勤・非常勤の別 | 役員給与計 | 左 の 内 訳 | | | | 退職給与 |
| | | | | | 使用人職務分 | 使用人職務分以外 | | | |
| | | | | | | 定期同額給与 | 事前確定届出給与 | 利益連動給与 | その他 | |
| （代表者）理事長 | 新宿太郎　　本人 東京都新宿区新宿 | | 常・非 | 円 1,200,000 | 円 0 | 円 1,200,000 | 円 0 | 円 0 | 円 0 | 円 0 |

　理事長の報酬が本当に年間120万円であれば図2の記載で問題ありませんが、もっと多額の報酬を理事長に対して支払っている場合は不適切な記載としかいいようがありません。

　なぜ、このようなことが起こるかというと、都道府県によっては役員（理事長も含む）の報酬は月額10万円以下でなければダメと指導しているところがあるからです。

　指導根拠のまったくない不適切な指導ですが、いまだにこのような指導をしている都道府県はあるそうです。

ただし、そのような都道府県でも役員に対して医師給与を支払うことは認めています。

　たとえば、理事長に月額300万円を支払っているが、内訳は理事長報酬として月額10万円、医師給与として月額290万円としているので、図2のような書き方をしているのだと思います。

　しかし、理事長は絶対に使用人兼務役員に該当しないので、医療法人が理事長に支払う報酬は定期同額給与、事前確定届出給与、または利益連動給与のいずれかに該当しないと損金になりません。

　したがって、内訳をどのように分けているかに関係なく内訳書の定期同額給与は3,600万円（月額300万円×12か月）が適切です。

　そして、本当に危険なのは内訳書の記載ではなく議事録の記載方法です。

　過大な役員給与であるかどうかは実質基準と形式基準で判断されますが、形式基準は定款や社員総会等で役員報酬について定めているかどうかを議事録等から判断します。

　図2のような内訳書を記載している医療法人は、議事録も月額10万円だけしか記載していないところがほとんどです。

　これでは、医師給与として支払っている月額290万円は形式基準を満たしていません。


## （3）　本来業務、附帯業務、附随業務の違いを理解していない

　医療法人の決算書の医業収益（いわゆる売上高）に物販収入等と書かれたものを見かけますが、物販は病院等の業務の一部として附随して行われるものであり、本来業務でも附帯業務でもありません。

　物販のような附随業務は営業外収益で処理するのが適切です。

　四病院団体協議会がまとめた「医療法人会計基準に関する検討報告書」（以下、医療法人会計基準）にも「本基準の損益計算書において、事業損益は、本来業務、附帯業務、収益業務に区別され、事業外損益は、一括して表示される」と書かれています。

逆に附帯業務として行っている有料老人ホームや障害福祉サービス事業を営業外損益に計上している決算書をたまに見かけますが、これも間違いです。

医療法人会計基準にも「事業損益は、病院、診療所又は介護老人保健施設に係る本来業務事業損益、医療法第42条に基づいて定款又は寄附行為の規定により実施している附帯業務に係る附帯業務事業損益、医療法第42条の2に基づいて定款又は寄附行為の規定により実施している収益業務に係る収益業務事業損益に区分して損益計算書の記載をすること」と書かれており、附帯事業は事業損益（いわゆる営業損益）であることがわかります。

医療法人会計基準では本来業務事業損益と附帯業務事業損益を分けて記載するとなっていますが、一般的な会計ソフトでは事業損益の区分は1つしかないので分けることは困難です。

筆者は医療法人であっても「中小企業の会計に関する指針」に従って決算書を作成しているので、本来業務も附帯業務も事業損益で処理していますが、その代わり本来業務と附帯業務を本支店会計で分けて処理しています。

なお、医療法人の会計については、平成19年の医療法改正で「医療法人の会計は、一般に公正妥当と認められる会計の慣行に従うものとする」（医療法第50条の2）となっています。

いまだに医療法人の会計基準は病院会計準則でなければならないと勘違いしている税理士は多いようなので、気をつけてください。

## 3　消費税申告書でよくみられる間違い

### （1）　簡易課税の事業区分をすべて第5種事業で申告している

簡易課税で消費税を申告している場合、収入を第1種事業から第6種事業のいずれかに区分します。

医療機関における課税売上高は自費診療収入、雑収入、固定資産売却収入等があります。このうち自費診療収入はみなし仕入率50％の第5種事業に該当し、固定資産売却収入はみなし仕入率60％の第4種事業に該当します。この2つを間違った申告書は見たことがありませんが、雑収入を間違っているケースは

けっこうあります。

　歯科医院を例にとって説明すると、まず間違いが多いのは歯ブラシ等の売却収入です。これは患者に対して販売しているのでみなし仕入率80％の第2種事業（小売業）に該当します。

　次に間違いが多いのは撤去冠売却収入です。歯科医院で歯の治療をする際に古い詰めもの（インレー）や歯の被せもの（クラウン）を外して新しいものを装着する場合があります。外した古い詰めものや歯の被せもののことを撤去冠といい、これには換金性があります。

　換金性があっても1つひとつはわずかな量なので、通常は撤去冠を患者に渡さず、歯科医院で処分することになりますが、撤去冠もまとまった量になるとけっこうな金額になります。たとえば、歯科ユニットが5台の歯科医院では年間で10万〜30万円の撤去冠売却収入があります。

　歯科医院は製造業者ではないので、撤去冠売却収入はみなし仕入率60％の第4種事業に該当します。

　ところで、雑収入の内訳書に撤去冠売却収入が記載されていない歯科医院は税務調査が来やすいです。なぜなら、歯科医院であれば撤去冠売却収入があって当然なので、ないということは収入を除外している可能性が高く、税務署は産廃業者への税務調査のときに反面資料として撤去冠を買い取った歯科医院のリストを入手しているからです。

　したがって、歯科医院の申告書を見るときは必ず雑収入の内訳書をチェックしてください。もし撤去冠売却収入がなければ、理事長にない理由を確認すべきです。

## （2）　一般課税で一括比例配分方式で申告している

　一般課税で消費税を申告している場合、個別対応方式か一括比例配分方式のいずれかで仕入税額控除を計算しますが、医療機関の場合は一括比例配分方式で計算をすると損をするケースがほとんどです。

　たとえば、売店がある病院であれば、明らかに売店の仕入れは課税売上げに

のみ要する課税仕入れ等に該当します。

　また、インプラントをやっている歯科医院であれば、個別対応方式のほうが圧倒的に有利です。インプラントをやっている歯科医院の課税仕入れ等は次のように区分できるからです。

- 課税売上げにのみ要する課税仕入れ等
  インプラント材料費および技工料
- 非課税売上げにのみ要する課税仕入れ等
  特になし
- 共通して要する課税仕入れ等
  医薬品仕入れ、診療材料費、インプラント以外の技工料、家賃、水道光熱費、消耗品費、被服費、福利厚生費、接待交際費等

　医薬品仕入れや診療材料費は非課税売上げ（保険診療収入）にのみ要する課税仕入れ等になるのでは？と税務調査の際に聞かれたことがありますが、歯科医院の自費診療収入はインプラントだけではありません。セラミック等の保険適用外の歯の補綴や、ホワイトニング等もありますし、中には保険証がなくて全額自費診療で治療する方もいます。

　医薬品仕入れや診療材料費をこれらの治療ごとに把握するのは大変な作業で、現実的に無理です。したがって、共通して要する課税仕入れ等にします。

　これに対し、インプラント材料費および技工料はフィクスチャー、アバットメント、人工歯に限られていますし、業者も異なる場合が多いので把握は容易です。

## 4　法人事業税申告書でよくみられる間違い

### （1）　市区町村で実施している医療費補助制度の入金を自費診療収入にしている

　市区町村には、学校保健安全法という法律に基づき結膜炎、中耳炎、齲歯（うし、虫歯のこと）等の治療のための患者一部負担金を補助する制度がありま

す。

　市区町村によって制度の呼称はさまざまですが、眼科、耳鼻科、歯科でよくみられます。

　この医療費補助制度による患者一部負担金を直接医療機関の銀行口座に振り込む市区町村がありますが、振り込まれた患者一部負担金を自費診療収入と勘違いする税理士が多くいます。市区町村から振り込まれるものは一般的には健康診断、検診、予防接種等が多いからだと思われます。

　しかし、医療費補助制度はあくまで患者一部負担金の補助なので保険診療収入に該当します。したがって、法人事業税は社会保険診療分の収入となり非課税ですし、消費税も非課税取引になります。

　以前に法人事業税の調査を受けたときに、都道府県の担当者ですら市区町村から振り込まれるものはすべて自費診療収入になると勘違いしていました。この担当者が言うには「他の税理士はすべて自費診療収入として申告していたので自費診療収入が正しいと思い込んでいた」そうです。

　医療費補助制度の入金を間違って自費診療収入にしていると法人事業税と消費税の2つで損をしますので、絶対に間違わないでください。

## （2）　保険診療収入の振込収入と窓口収入の負担割合がおかしい

　これは法人事業税申告書に添付する所得金額の計算明細書でわかる場合と、損益計算書でわかる場合があります。ただし、所得金額の計算明細書は都道府県によって異なりますし、損益計算書の勘定科目は税理士によって異なるのでわからない場合もあります。

　患者一部負担金は多くても3割です。したがって、保険診療収入に占める窓口収入の割合（以下、窓口負担割合）は診療科目によって異なりますが、だいたい25％くらいです。

　窓口負担割合は、社会保険診療報酬支払基金や国保連合会の振込通知書があれば簡単に試算できます（図3）。

　支払区分42の特例高齢者は70歳代前半に係る一部負担金等の軽減特例措置の

第5章　顧問契約した病医院を離さないノウハウ　127

**図3　社会保険診療報酬支払基金の振込通知書の例**

下記のとおり貴口座へ振り込みましたので通知します。
この通知書は所得税申告の際必要となりますので大切に保管ください。　　　　　社会保険診療報酬支払基金

| 支払区分 | 名称 | 件数 | 日数(回数) | 点数 | 算定額 | 再審査等調整額 | 端数額 | 支払確定額 |
|---|---|---|---|---|---|---|---|---|
| 01 | 医療保険 | 450 | 499 | 570,053 | 4,056,289 | -658 | | 4,055,631 |
| 12 | 生活保護 | 18 | 31 | 44,256 | 442,560 | | | 442,560 |
| 42 | 特例高齢者 | 33 | 37 | 50,892 | 50,892 | | | 50,892 |

金額なので点数は支払区分01の医療保険に含まれており、支払区分42の点数は再掲です。したがって、総点数は医療保険と生活保護を足した614,309点なので保険診療報酬は614,309点×10円＝6,143,090円になります。

　これに対して、社会保険診療報酬支払基金から振り込まれる金額は4,549,083円なので窓口負担割合は約26％となります（（6,143,090円－4,549,083円）÷6,143,090円＝0.2594…）。

　実際の窓口収入は未収金があったり、請求ミスがあったりするので、計算上の窓口負担割合とは若干ずれが生じますが、それでも約26％になるはずです。

　窓口収入が約26％と大きく異なる場合、窓口収入の計上漏れか収入区分を間違っている可能性があります。

　過去に窓口収入が窓口負担割合と大きく異なる医療機関で原因を調べたところ、理事長の親戚や友人から患者一部負担金を受け取っていないことや、在宅診療の患者一部負担金がすべて未収になっていることや、自費診療収入に区分すべき患者負担金が保険診療収入になっていることが判明したことがあります。

　事務長が患者一部負担金を横領していたことが判明したこともありました。

　横領は論外ですが、理事長の親戚や友人から患者一部負担金を受け取っていないことが税務署に発覚したときは間違いなく修正申告の対象になります。

　単純な記載ミスや数字の入力ミスは誰にでもありますので、多少あったとしても顧問先の信頼を失うことはありませんが、明らかに税金を損していたり、税務調査で指摘される重大なことに気づかずにいると顧問先の信頼を失いかねないのでくれぐれもご注意ください。

（西岡秀樹）

# ④ 医療業界に精通することが大切

## 1　病医院経営者は意外に病医院経営に詳しくない

　第1章の「①　顧問先の信頼を失った事例」に書いたように病医院経営者は税理士に対して「うちの税理士は医療業界に詳しくない」という不満を持っています。

　つまり、顧問契約した病医院を離さないためには医療業界に詳しくなる必要があります。

　税理士が最低限知っておくべき医療業界の常識をいくつかご紹介しますが、その中でも税理士が絶対に知っておくべきなのは、病医院経営者は医療以外のことはあまり知らないということです。

　病医院経営者の多くはドクターですが、ドクターは医学部または歯学部を卒業して、国家資格も持っているので頭が良いことに間違いはありません。

　しかし、医療のことに専念して勉強してきたため、一般的なビジネスマンが知っている商取引の慣例や税金の一般的な仕組みなどを知らないドクターが多いです。

　さらに、ドクターは診療報酬点数のことや保険診療のルールなどについて詳しいと思っているかもしれませんが、実はこの方面も詳しくありません。大学では教えていないからです。

　ほとんどのドクターは先輩などから聞いた程度の知識しか持っていません。

　その知識も「～らしい」といった都市伝説的なうわさ話が多く、根拠のある確かな話のほうが少ないように思われます。

　また、ドクターはプライドの高い方が多いようです。「先生なら当然こんなことは知っているでしょうが」と前置きされて話されると、「知らない」と言えないようです。

第5章　顧問契約した病医院を離さないノウハウ　129

したがって、税理士が「大丈夫」とか「間違いありません」と言ったことに疑問を持つことがほとんどないようです。

## 2　税理士は社会的責任感や高い倫理観を持つべき

特に税理士は国家資格なので、医師または歯科医師という国家資格を取得するのに大変な苦労をしてきたドクターは無条件に税理士を信用してしまうのかもしれません。

筆者は今まで税理士に騙されたドクターを何人も見てきました。

バックリベート目当ての生命保険への加入や設計士・建設会社の紹介といったよくある話から、医療法人の乗っ取りといった悪質なものもありました。

また、本当は医療業界に詳しくないのに医療専門をうたって新規顧客獲得の営業をしている税理士も騙しているのと同じようなものです。ドクターは本当に医療業界に詳しい税理士だと信じ切って顧問を依頼しているからです。

ドクターはけっこう税理士を頼りにしています。だからこそ、税理士は社会的責任感や高い倫理観を持つべきです。

医療業界に関する知識や情報を得ることはたしかに重要ですが、もっと大切なのはドクターの信頼を裏切らないことです。大昔から「利に放りて行えば、怨み多し」(論語)といわれています。利己的な考えは厳に慎むべきです。

## 3　医療は非営利という考えは間違い

税理士の中には医療は非営利だと思い込んでいる方がかなりいるようです。

「非営利だから物販はダメ」とか「非営利だから自由診療をやって利益追求をするのは望ましくない」と税理士から言われたことがあるドクターがかなりいるからです。

### (1)　個人開設のクリニックには非営利の原則などない

医療は非営利の根拠としてよく挙げられるのが、医療法第7条第5項です。

130

**【医療法第7条】**

> 第七条　病院を開設しようとするとき、医師法第十六条の四第一項の規定による登録を受けた者及び歯科医師法第十六条の四第一項の規定による登録を受けた者でない者が診療所を開設しようとするとき、又は助産師でない者が助産所を開設しようとするときは、開設地の都道府県知事の許可を受けなければならない。
> （中略）
> 5　営利を目的として、病院、診療所又は助産所を開設しようとする者に対しては、前項の規定にかかわらず、第一項の許可を与えないことができる。

　たしかに第5項には営利を目的とする者には許可を与えないことができると書かれていますが、与えないことができるのは第1項の許可です。

　第1項の許可とは病院を開設するときと、医師または歯科医師でない者が診療所を開設するとき（つまり医療法人が開設するとき）の許可です。

　個人開設のクリニックに許可は不要なので、医療法第7条第5項は個人開設のクリニックには無関係です。

　次に根拠として挙げられるのが医療法第54条です。

**【医療法第54条】**

> 第五十四条　医療法人は、剰余金の配当をしてはならない。

　医療法人の剰余金の配当禁止について書かれた条文ですが、ここでも個人開設のクリニックについては一切触れられていません。

　つまり"医療は非営利"ではなく、"病院と医療法人は非営利"なのです。

　個人開設のクリニックに非営利の原則などありません。

## （2）「非営利」の正しい解釈

　医療法人が非営利法人であることは疑う余地はありませんが、だからといって利益を追求することができないという解釈は成り立ちません。

　非営利法人の定義は、一般的に「利益を団体の構成員で分配しないこと」で

第5章　顧問契約した病医院を離さないノウハウ　131

す。これは医療法第54条と同様の趣旨です。

　つまり、利益を否定しておらず、団体で上げた利益を分配しなければ何ら問題はありません。利益を内部留保したり、新たな設備投資に使う分には一向に構わないのです。

　厚生労働省は医療法人の非営利性を次のように説明しています。

> 医療を提供する法人は、「営利を目的としない」こと、すなわち「法人の対外的活動による収益性を前提としてその利益を構成員に分配することを目的」としないこと（非営利性の確保）が求められる。

　この説明は医療法人制度検討委員会報告書の一部を抜粋したものですが、同様の説明は厚生労働省の資料の随所で見受けられます。

## （3）　物販＝営利目的とは限らない

　医療法第7条第5項に営利を目的とする者には許可を与えないことができると書かれていることを根拠に、物販は営利目的だからダメと勘違いしている税理士もかなりいるようです。これは税理士だけでなく医療法人の監督官庁である都道府県や保健所も同様です。

　ほとんどの都道府県や保健所が医療法人でコンタクトレンズやサプリメントの販売はできないと指導していたのが、勘違いしていた何よりの証拠です。

　筆者は以前からずっと医療法人でもコンタクトレンズやサプリメントの販売はできると主張してきましたが、平成26年6月24日に閣議決定された規制改革実施計画に次のように書かれたことで、筆者の解釈が正しいことが証明されました。

> 医療機関において、患者のために、医療提供又は療養の向上の一環としてコンタクトレンズ等の医療機器やサプリメント等の食品の販売が可能であることを明確化し、周知を行う。

　規制改革実施計画に書かれたことでサプリメント販売解禁などと騒いだ者も

いましたが、解禁されたのではなく、以前から可能であったのが明確化された
だけです。

規制改革実施計画に記載される以前から物販ができる根拠はいくつかありま
すが、国や地方公共団体が堂々と物販を行っていることが物販＝営利目的でな
いことの何よりの証拠です。

たしかに物販は利益を上乗せして販売しますが、販売という行為をもって営
利と断定するのであれば、国や地方公共団体はすべて営利行為を行っているこ
とになります。

つまり、利益を上乗せして販売する行為が営利行為に該当するのではなく、
そこで上げた利益をどうするかで営利を目的としているかどうかが決まるので
す。

国や地方公共団体が売店や喫茶店を経営しても非営利に反しないのは、そこ
で上げた利益を国や地方公共団体の運営に充てているからです。

したがって、「利益を構成員に分配することを目的」にすることが営利目的
になると解釈するのが妥当です。

## 4　医療法人とMS法人の役員兼務は認められる場合もある

医療法人の役員とMS法人の役員の兼務は絶対に認められないと勘違いして
いる税理士がいるようですが、決してそのようなことはありません。

医療法人とMS法人の役員兼務ができないという根拠は、医療法人運営管理
指導要綱に医療法人の役員の適格性について下記のように書かれているからで
す。

> 医療法人と関係のある特定の営利法人の役員が理事長に就任したり、役員として参
> 画していることは、非営利性という観点から適当でないこと。

しかし、医療法人運営管理指導要綱には「非営利性の観点から適当ではな
い」と書かれており、一切認めないとは書かれていません。

したがって、医療法人運営管理指導要綱を根拠に医療法人の役員の適格性を

判断するのであれば、重要なポイントは非営利性となります。

非営利法人の定義は一般的に「利益を団体の構成員で分配しないこと」ですが、医療法人から理事長個人やMS法人に支払いをすると利益の分配にあたると勘違いしている都道府県の担当者や税理士はけっこういます。

しかし、利益とは収入から経費を差し引いたものなので、一般に公正妥当と認められる必要経費として支出するものは利益の分配には該当しません。

したがって、医療法人運営管理指導要綱の正しい解釈は「非営利性を損なわない限り、医療法人の役員はMS法人の役員になれる」です。

実際に、平成24年3月に「医療法人の役員と営利法人の役職員の兼務について」という通知が出ており、筆者の解釈が正しいことが証明されています。

**【「医療法人の役員と営利法人の役職員の兼務について」より一部抜粋】**

開設者である個人及び当該医療機関の管理者については、原則として当該医療機関の開設・経営上利害関係にある営利法人等の役職員を兼務していないこと。
ただし、次の場合であって、かつ医療機関の非営利性に影響を与えることがないものであるときは、例外として取り扱うことができることとする。また、営利法人等との取引額が少額である場合も同様とする。

- 営利法人等から医療機関が必要とする土地又は建物を賃借する商取引がある場合であって、営利法人等の規模が小さいことにより役職員を第三者に変更することが直ちには困難であること、契約の内容が妥当であると認められることのいずれも満たす場合

なお、医療法人の理事長とMS法人の代表者が同一人であることは避ける必要があります。

理由は、医療法人とMS法人の代表者が同一人の場合は利益相反取引となるからです。利益相反取引に該当すると民法の規定により両者の間で契約を交わすたびに特別代理人を選任する必要があり、非常に面倒で、現実的ではありません。

最後に役員兼務が問題になるのは、あくまで医療法人と取引がある（利害関係にある）営利法人だけです。

医療法人と一切関係ない営利法人の役員を兼務したり、代表取締役になることは何ら問題はありません。

## 5　行政の指導が正しいとは限らない

行政の指導に疑いを持つ人は少ないと思いますが、都道府県や保健所が医療機関に対して行う指導は間違っていることが往々にしてあります。

前述したように、コンタクトレンズやサプリメントの販売に関する指導、医療法人とMS法人の役員兼務に対する指導が間違っていたこともその1つの例です。

このように間違いが多い行政指導ですが、行政手続法という法律でちゃんと手続きなどが定められています。

この行政手続法は、都道府県や保健所だけでなく、税務署、地方厚生局、法務局、労働基準監督署など、すべての行政機関について適用されるので、税理士であれば常日頃接している法律です。

たとえば、税務署から送られてくるお尋ね文書には「この文書による行政指導の責任者は、表記の税務署長です」というように行政指導の責任者が記載されていますが、これは行政手続法で行政指導の趣旨および内容ならびに責任者を明確に示さなければならないと定められているからです。

このように、税務署は行政手続法に沿った手続きをすることが多いですが、残念ながら医療機関に対する指導では行政手続法はあまり守られていません。

たとえば、保健所の指導なのに「従わないと保険医療機関の指定を取り消す」と脅してきたり、「この指導を受け入れないと開設許可を出さない」と強要してくることは日常茶飯事です。

保険医療機関の指定取消は保健所ではなく地方厚生局に権限がありますし、行政手続法では「当該行政指導に従う意思がない旨を表明したにもかかわらず当該行政指導を継続すること等により当該申請者の権利の行使を妨げるようなことをしてはならない」と定められており、「この指導を受け入れないと開設許可を出さない」というのは明らかに行政手続法違反です。

第5章　顧問契約した病医院を離さないノウハウ　135

　地方厚生局による個別指導において「自主返還に応じないなら保険医療機関の指定取消をする！」と脅してくるのも、行政手続法に定められている「権限を行使し得る旨を殊更に示すことにより相手方に当該行政指導に従うことを余儀なくさせる」ことの典型例です。

　税理士は税務署による調査や指導に慣れているので、都道府県や保健所の指導を疑わずにすんなりと受け入れる方が多いかもしれませんが、医療機関に対する指導は間違っていることが往々にしてあることを忘れずに、顧問先に対する不利益な指導には従わないように心がけてください。

## 6　病医院には多くの機関が関わっている

　病医院経営者からの質問や相談に対して税務だけを念頭に置いて回答している税理士がいるようですが、病医院には多くの機関が関わっているので、1つの質問に対して税務だけで回答するのではなく、他の機関との関わりを念頭に置いて回答する必要があります。

**【病医院が関わっている主な機関】**

| 都道府県 | 保健所 | 地方厚生局 | 福祉事務所 | 損保会社等 |
|---|---|---|---|---|
| 医師会など | | 病　医　院 | | 社保・国保 |
| 税務署 | 都税・県税 | 年金事務所 | ハローワーク | 労基署 |

【主な関わり】

| 機関名 | 主な手続き | 主な権限 |
|---|---|---|
| 都道府県 | 医療法人設立認可 | 医療法人に対する指導、監督 |
| 保健所 | 診療所開設届、医療法人開設許可申請 | 立入検査（医療監視） |
| 地方厚生局 | 保険医療機関指定申請 | 個別指導 |
| 福祉事務所 損保会社　等 | 生保、労災、自賠責の請求 | |
| 医師会など | 医師国保の加入、予防接種・各種検診の実施 | |
| 社保・国保 | 診療報酬の請求 | 審査委員会への呼び出し |
| 税務署 | 税務申告 | 税務調査 |
| 都税・県税 | 税務申告 | 税務調査 |
| 年金事務所 | 社会保険加入手続 | 社会保険の調査 |
| ハローワーク | 雇用保険手続、助成金申請 | |
| 労基署（労働基準監督署） | 労災保険の成立手続 | 臨検監督 |

（西岡秀樹）

## 5 事務処理ではなく付加価値に対して報酬をもらう

### 1 差別化を図れるのは付加価値として提供するコンサルティング

第1章の「2 医療専門をうたっている会計事務所の現状」で、士業向けの集客・営業セミナーは「専門性を高めて差別化を図る」、「得意分野を絞った広報活動」などと話していると書きましたが、これ自体は間違っていません。

開業している税理士はたくさんいるので、何かで差別化を図らないと顧問先を獲得することが難しいのは事実です。

税理士であれば税務申告や会計処理は誰もがやっていますし、極論すれば税務申告は誰がやっても同じような結果になります。

したがって、誰がやっても同じような結果になる税務申告や会計処理だけをやっていると、どうしても報酬は安くなりがちですし、差別化も図れません。

得意分野を絞って差別化するのであれば、将来性があって、ターゲットとなる顧客数が多く、1件当たりの顧問料も高くもらえそうな医療業界を選択するのも間違っていないと思います。

しかし、決定的に欠けているのは差別化を図れる能力です。

前述したように、税務申告や会計処理では差別化は図れません。

差別化を図れるものはいくつかありますが、代表的なものは付加価値として提供するコンサルティングだと思います。

### 2 コンサルティングは人によって大きく質が異なる

コンサルティングは人によって結果が異なります。

コンサルティングは芸術家、プロアスリート、一流料理人等と同じように人によって質が大きく異なるからです。

どのようなコンサルティングでも結果は同じだと考えている人がいたとすれば、その人は本物のコンサルティングを知らないだけです。

統計資料や同業他社との比較資料などを提供することがコンサルティングの仕事と勘違いしている方もいらっしゃるかもしれませんが、それらは単なる情報提供です。

情報提供もコンサルティングの業務の一環ではありますが、コンサルティングであればどうやれば同業他社より良くなるか、具体的に提案すべきです。

「他社と比べて収入が少ないから増やしましょう」とか「他社と比べて人件費率が高いので減らしましょう」といったものは、提案ではなく単に資料の補足説明をしただけです。具体的な収入増加や人件費率低下の提案をして、はじめて付加価値のあるコンサルティングといえます。

# 3　具体的なコンサルティング事例の紹介

## （1）　美容皮膚科の集患に関するコンサルティング事例

筆者は新規開業のお手伝いは基本的にやりませんが、新規開業したクリニックから、開業コンサルタントや税理士から集患についてのアドバイスを受けたが思うように患者が増えず困っている、という相談を受けることはよくあります。

相談者に開業コンサルタントや税理士から受けたアドバイスについて聞くと、ホームページの開設が圧倒的に多く、次いでロゴマークなどを作ってブランディングを行い地域住民に PR するとか看板を出すといったものが多かったです。

ホームページの開設は決して間違っていませんが、どのようなホームページを作るか具体的なアドバイスを受けたという話を今まで聞いたことがなく、たいていは業者任せです。

したがって、診療科目や、内装・外観、医療機器といったごく一般的なものだけを紹介したものが多く、見た目は綺麗だけど特徴のないホームページばかりです。

第5章　顧問契約した病医院を離さないノウハウ　139

　他院との違いをアピールするためには、もう少し専門領域に踏み込む必要があります。どの専門領域をアピールするかはドクターと話して決めます。

　たとえば、美容皮膚科（美容皮膚科は正式な診療科目ではありませんが、説明をしやすくするためにあえて使用しています）を目指して新規開業したクリニックの場合、どんなに綺麗なホームページを作っても、他院もやっている処置を行っているだけでは特徴が出ず、値段を下げないと集患できません。

　値段を下げると患者はそこそこ集まりますが、新品の医療機器を購入しているので費用対効果が合わず、資金繰りが厳しくなります。

　経営に困った院長から相談を受けて最初に行ったのは、院長とじっくり話し合うことでした。その話し合いの中で、院長が当時の日本ではまだめずらしい、ある処置について海外で勉強していたが、そのことをホームページには掲載していないことを知りました。

　いくつかの美容皮膚科のホームページを見たが、やっていないので日本では需要がないと思い込んでいたし、開業コンサルタントから何も言われていないのでPRしなかったそうです。

　他院がやっていないからといって需要がないとは限らない、と院長に説明し、その処置を全面にアピールしたホームページに大幅リニューアルし、クリニック広告もあわせて行ったところ、あっという間に患者が増えたことがあります。

## （２）　眼科の集患に関するコンサルティング事例

　次に、眼科を新規開業したクリニックのケースですが、税理士からホームページが重要とアドバイスされたのでホームページに力を入れているがなかなか患者が増えないと困っていました。

　現地を確認したところクリニックの存在が非常にわかりづらい立地条件だったので、ホームページより看板に力を入れることを提案しました。

　眼科の場合、特殊な治療を行っていない限り、地域住民に対してPRしたほうが効果的だからです。そして、地域住民にPRする広告媒体として看板は非常に有効です。

そのクリニックは税理士のアドバイスから最寄り駅に駅看板を出したり、クリニックの前に置き看板を出していましたが、開業後半年経ってもまったく効果がないので、駅看板の撤去と置き看板の作り替えを提案しました。

駅看板を出すクリニックは多いですが、はっきりいって効果はほとんど期待できません。

よほどうまく出さないと目立たないからです。駅のホームに出ている看板をよく見てください。医療機関の看板が多いことに気づくと思います。

費用対効果にシビアな他業種の看板が少ないのは、駅看板の効果がほとんど期待できない何よりの証拠だと思います。

次に置き看板ですが、都市部のビルにあるクリニックの置き看板なので限られたスペースしかないにもかかわらず、目立つ順に書くとロゴマーク、クリニック名、院長名、診察時間、ホームページのURL、そして住所となっていました。

はっきりいってロゴマークは不要です。そのロゴマークを見ても誰も眼科だとわかりませんし、ブランディングは流行ってからやれば十分です。

まず、地域住民に、ここに眼科があることを知ってもらうのが先決なので、思い切って看板は「眼科」だけにしてもらいました。しかも、夜もずっと看板は明るくしてもらいました。仕事帰りのサラリーマンなどで夜もずっと人通りが絶えない場所だからです。

たったこれだけで「看板を見た」という患者が増え始めました。


集患に関する2つの事例からわかるように、他院と同じようにするとか、普通はこうするといった思い込みは厳禁です。クリニックの専門領域や立地条件などを総合的に勘案して、集患に関するコンサルティングをやるようにしてください。

## （3）　分院開設に関するコンサルティング事例

第1章の「[1]　顧問先の信頼を失った事例」の「無知から顧問先に多大な損

失を与えた事例」に似ていますが、決定的な違いは、本項で紹介する事例は分院開設の前に筆者に相談に来た点です。

　医療法人でクリニックを開設している理事長はできるだけ早い分院開設を望んでいましたが、税理士が医療法人のある都道府県に確認したところ、定款変更認可申請を先にしなければならないが、定款変更には数か月要すると言われました。

　分院開設予定地は非常に人気があって今すぐ契約する必要があったので、税理士は「もったいないが定款変更に要する数か月間は家賃を支払うしかない。その間、診察はできないが家賃は経費になるので節税できる」と理事長に説明しましたが、理事長は納得がいかず、別の方法がないか筆者に相談に来ました。

　結論を先に書くと、内装工事に要する約1～2か月後には分院を開設することができました。

　どうしてこんなに迅速に分院を開設できたかというと、分院を理事長個人で開設したからです。

　詳しい説明は省きますが、理事長は1箇所の開設者・管理者となることができます（1人で2箇所の開設者・管理者となることは基本的にできません）。

　一般的に医療法人が開設するクリニックの開設者は医療法人で、管理者は医師である理事長が就任しています。ですから、管理者を勤務医に変更することで理事長はどこの開設者・管理者にも就任していないことになるので、理事長個人でクリニックを開設することが可能になります。

　医療法人で分院を開設するためには定款変更認可申請と診療所開設許可申請をしなければなりませんが、個人で開設する場合は診療所開設届の提出だけで済みます。ですから、迅速に分院を開設することができたのです。


　この事例からわかることは、行政の指導をそのまま信じないことです。

　行政から言われたことを伝言ゲームのようにドクターに伝える税理士は多いようですが、これでは誰がやっても同じ結果になります。

　行政の指導が唯一の方法だと思い込んだり、行政の指導に間違いがないと思

い込むのは厳禁です。顧問先にとって本当に有利な方法を提案するようにしてください。

## （4） 混合診療に関するコンサルティング事例

　栄養療法を行っているクリニックから、サプリメントの販売や栄養療法の一環として行っている点滴療法が混合診療にならないか心配だという相談を受けたことがあります。

　サプリメントの販売は厚生労働省から「医療機関におけるコンタクトレンズ等の医療機器やサプリメント等の食品の販売について」という通知が出ているように、サプリメントの販売が患者のために療養向上を目的として行われるものである限り問題ありませんし、サプリメントは栄養補助食品または健康補助食品として扱われるので混合診療には該当しません。

　一方、点滴療法は混合診療に該当するケースもあるので注意が必要だと相談者に説明していたところ、相談者が思ってもいなかった重大な問題が発覚しました。

　相談をしてきたクリニックは混合診療の問題を回避するために自費診療専門クリニックの開設を計画していましたが、この自費診療専門クリニックがいわゆる名義貸しによる開設予定だったのです。

　名義貸しによる開設が問題と思っていなかった理由は、税理士が「大丈夫。問題ない」と言ったからだそうですが、たとえ行政が名義貸しに気づかなくても、名義貸しによる開設でクリニックを乗っ取られた事例はたくさんありますし、名義を貸しているドクターと金銭的なトラブルに発展した事例もたくさんあるので、大いに問題ありです。

　しかも、法的に問題がない方法で自費診療専門クリニックを開設する方法があるにもかかわらず、安易に名義貸しを提案していたことも発覚しました。

　当然、その税理士はもう二度と信用してもらえないでしょう。

　この事例からわかることは、顧問先からの相談内容以外に問題があることを

話の中からこちらが気づくべきということです。

　相談された内容に答えるだけではプロフェッショナルとはいえません。話の中から提案すべき事項を見つけ出し、顧問先に教えることができて初めてプロフェッショナルと呼べるコンサルタントといえます。

　話の中から提案すべき事項を見つけ出せるようになると、顧問先は会うたびにこちらに感心するので、決して顧問先から顧問契約の解除を申し出てくることがなくなるだけでなく、次から次へと顧問先を紹介してくれます。

## 4　付加価値の高いコンサルティングを行うには

　税理士が一般的に相談を受けやすいクリニックのコンサルティング事例をいくつかご紹介しましたが、ポイントはどれも同じです。

　それは、前例や習慣などから普通はこうだという思い込みをしないこと、行政の指導が正しいと思い込まないこと、顧問先から言われるのを待つのではなく、こちらから提案することです。

　さらにもう１つ付け加えるのであれば、「税理士が知っているとは誰も思っていないこと」まで知っていることです。

　一般的な税理士であれば混合診療のことなど知らなくて当たり前ですが、それを知っていることに意義があります。

　筆者はよく顧問先から「よくそんなことまで知っていますね」と感心されますが、それが付加価値の高いコンサルティングにつながるのです。

　付加価値の高いコンサルティングを行うポイントをまとめると下記のようになります。

　1．前例や習慣などから普通はこうだ、という思い込みをしない

　2．行政の指導が正しいと思い込まない

　3．顧問先から言われるのを待つのではなく、こちらから提案する

　4．税理士という垣根を作らず、医療業界全般について詳しくなる

（西岡秀樹）

## 6 情報の価値と入手方法

### 1　価値のある情報とは何か

　最近はインターネットや書籍などで簡単にある程度の情報を入手できるので、顧問先は税理士に相談をする前にある程度の知識を得ていると考えるのが妥当です。

　いまやインターネットで得られない情報はないと言っても過言ではない時代ですが、インターネットで簡単に得られる情報がすべて正しいと思い込むのは大変危険です。少なくとも医療業界に関しては都市伝説的なうわさ話の類が溢れかえっています。

　また、インターネットで簡単に得られる情報は、正しい情報であっても情報としての価値は低いと考えるべきです。顧問先がすでに知っている情報だからです。

　価値のある情報とは、顧問先が間違った情報を正しいと勘違いしている場合であれば、根拠のある正しい情報を伝えることです。

　根拠がない情報はうわさ話や憶測と同じレベルです。顧問先は曖昧な回答より、具体的で、かつ、実務的な回答を求めていますので、正しいと言い切れる根拠のある情報を伝えるべきです。

　次に、顧問先が正しい情報をすでに知っている場合であれば、その情報を補足する新しい情報や、その情報に関連する一般的にあまり知られていない情報が価値のある情報となります。当然、この場合であっても根拠のある情報を伝えることが大切です。

## 2 価値のある情報例（間違った情報を正しいと勘違いしている場合）

　少し前の話になりますが、平成16年に、持分のある医療法人の移行先の１つとして出資額限度法人という制度が注目を集めていました。

　当時は、猫も杓子もこれからの医療法人は出資額限度法人で決まったと騒いでおり、出資額限度法人に関するセミナーがたくさん開催されていました。要するに、誰もが今後は出資額限度法人に移行すべきだと勘違いしていたのです。

　しかし、筆者は当時から出資額限度法人は持分のある医療法人の移行先として不適格だと判断し、顧問先に絶対に出資額限度法人に移行しないようアドバイスをしていました。

　結果的には、出資額限度法人に移行した医療法人は、平成26年３月31日現在でわずか268法人しかありません（医療法人総数49,889法人）。

　筆者はさまざまな資料を読んだ結果、出資額限度法人は「同族要件をクリアしようとする時点で課税されるので、当初より同族要件がクリアできている、またはできそうな医療法人以外は、出資額限度法人に移行する意味が少ない」と結論付けていました。今では当然の結論ですが、当時はとてもめずらしく、価値が高い情報でした。

　筆者は当時「医業経営情報」という情報誌を毎月配信していましたので、平成16年９月24日付け医業経営情報 No.24「出資額限度法人について」を書きました。その後、医業経営情報の購読者は大幅に増えましたし、顧問先も増えました。

## 3 価値のある情報例（正しい情報をすでに知っている場合）

### （1） 医療法人会計基準に関する情報

　今度は平成27年５月頃の話です。平成26年３月に四病院団体協議会（以下、四病協）がまとめた医療法人会計基準というものがあります。厚生労働省もこ

の医療法人会計基準を医療法第50条の2に規定する一般に公正妥当と認められる会計の慣行の1つとして認めています。

平成27年5月頃に今後、医療法人が従うべき会計基準は四病協がまとめた医療法人会計基準で合っているかと知人から質問されたことがあります。

四病協がまとめた医療法人会計基準は正しい情報ですが、平成27年に入ってから新たな動きがありました。

まず、平成27年2月9日に「地域医療連携推進法人制度（仮称）の創設及び医療法人制度の見直しについて」という報告書が取りまとめられましたが、その報告書で下記のような提言がされています。

---

（1）　医療法人の経営の透明性の確保

　○会計基準の適用・外部監査の義務付け

・医療法人の経営の透明性の確保が必要であり、一定規模以上の医療法人に、会計基準の適用を義務付けるとともに公認会計士等による外部監査を義務付ける。具体的な会計基準については、平成26年2月に四病院団体協議会が作成した医療法人会計基準を基本に検討する。

---

さらに平成27年4月3日に閣議決定され、国会に提出された医療法の一部を改正する法律案に次のように記載されています。

---

第五十条中「会計は」の下に「、この法律及びこの法律に基づく厚生労働省令の規定によるほか」を加え、同条の次に次の一条を加える。

第五十条の二　医療法人は、厚生労働省令で定めるところにより、適時に、正確な会計帳簿を作成しなければならない。

---

この法律案によると、厚生労働省令で医療法人会計基準を定めることになります。

なお、この法律案は平成27年9月16日に可決・成立し、下記のように医療法が改正されます。

第5章 顧問契約した病医院を離さないノウハウ　147

**【新医療法第50条】**

医療法人の会計は、この法律及びこの法律に基づく厚生労働省令の規定によるほか、一般に公正妥当と認められる会計の慣行に従うものとする。

**【新医療法第51条第2項（アンダーラインは筆者、以下同じ）】**

医療法人（その事業活動の規模その他の事情を勘案して厚生労働省令で定める基準に該当する者に限る。）は、厚生労働省令で定めるところにより、前項の貸借対照表及び損益計算書を作成しなければならない。

**【新医療法第51条第5項】**

前二項の医療法人は、財産目録、貸借対照表及び損益計算書について、厚生労働省令で定めるところにより、公認会計士又は監査法人の監査を受けなければならない。

　厚生労働省令による医療法人会計基準の適用義務があり、公認会計士または監査法人の監査を受けることも義務となる医療法人の範囲はまだ明確になっていませんが、平成27年8月5日に衆議院で行われた厚生労働委員会において塩崎厚生労働大臣は下記のように発言しています。

　外部監査などを義務づける一定規模以上の医療法人については、債権者保護の観点から債務額、負債額ですね、それと、医療サービスの提供の量の観点から事業収益額、これを基準として検討することを考えておりまして、対象となる法人数については、医療機関の経営実態により違いがございますので一概には言えないところでございますけれども、仮に年間五十億円の収入、負債であれば、一般的に大病院とされる病床数三百床程度の病院であると認識をしておりまして、病床数三百床以上の病院は五百七十病院と、法人開設の病院の一割程度というふうになっているところでございます。
　外部監査等の対象とする法人のより具体的な範囲につきましては、追って省令で決めるということになっておりますが、小規模医療法人の事務負担とか費用負担や他法人との整合性等を総合的に考慮して検討していかなければならないのかなというふうに思っております。

148

　医療法人会計基準の適用義務の基準については、厚生労働省が行ったパブリックコメントに「最終会計年度に係る負債額の合計が50億円以上、又は収益額の合計が70億円以上であるもの。」と書かれており、おそらくこの基準になると思われます。

　なお、この医療法改正は公布の日から起算して２年を超えない範囲内において政令で定める日に施行されることになっており、パブリックコメントには、施行期日は平成29年４月予定と書かれています。

## （２）　集団的個別指導に関する情報

　これも平成27年５月頃の話です。顧問先と打ち合わせをしているときに、１件当たりの平均点数が高くなると集団的個別指導の対象になって面倒なので、本当はやっておくべき検査を極力やらないようにしているが、患者のためを考えるのであれば本来検査をやるべきであり、制度がおかしいと理事長が怒っていたことがありました。

　少し補足説明をすると、平成７年12月に保険医療機関に対する個別指導の指導大綱が定められました。

　この指導大綱に、集団的個別指導の選定基準は「保険医療機関等の機能、診療科等を考慮した上で診療報酬明細書（調剤報酬明細書を含む。以下同じ）の１件当たりの平均点数が高い保険医療機関等（ただし、取扱件数の少ない保険医療機関等は除く。以下「高点数保険医療機関等」という）について１件当たりの平均点数が高い順に選定する」と定められています。

　また、個別指導の選定基準にも「集団的個別指導を受けた保険医療機関等のうち、翌年度の実績においても、なお高点数保険医療機関等に該当するもの」という定めがあり、要するに１件当たりの平均点数が高いとほぼ確実に個別指導の対象になってしまいます。

　個別指導は病医院にとっても最も受けたくないものの１つです。

　個別指導の結果、多額の診療報酬を返還することになったり、保険医療機関指定取消になることもあるからです。

第5章　顧問契約した病医院を離さないノウハウ　149

　集団的個別指導の選定基準がおかしいと理事長が怒っていても指導大綱に定められている以上、税理士としては何もできないので、普通は「大変ですね」と同情するか、「制度がおかしい」と一緒に怒る程度だと思います。

　しかし、西村まさみ参議院議員が国会で集団的個別指導の選定基準を何度となく取り上げています。直近では平成27年7月9日の厚生労働委員会でも質問しています。

　西村まさみ参議院議員の質問に対して、政府参考人として答弁した厚生労働省保険局長は下記のように回答しています。

> これは平成七年に中央社会保険医療協議会で議論を行いまして制定をされたものでございますけれども、非常に長い期間が経過をしておりまして、そして、特に先生先ほど触れていただきましたような集団的個別指導の在り方とかあるいは個別指導の問題、こうした問題について医療関係団体を始めといたしまして様々な御意見をいただいているところでございます。
> こういう御意見を踏まえまして、私どもも総合的に検討をしていく必要があると考えております。

　厚生労働省保険局長が国会で「総合的に検討をしていく必要があると考えております」と言っている以上、近いうちに何らかの動きがあると考えられます。

　このような情報を理事長に伝えることで、理事長の怒りは収まりますし、貴重な情報を提供してくれたと喜んでもらえます。


## 4　価値のある情報の入手方法

　価値の低い情報は簡単に手に入りますが、価値のある情報は簡単には手に入りません。

　筆者の経験では、価値のある情報の入手方法は大きく分けて2通りあります。ひたすら自分で調べる方法と、情報通から教えてもらう方法です。

## （1） ひたすら自分で調べる方法（原典主義）

　正しい情報をひたすら自分で調べるのはとても時間がかかりますが、筆者はこの方法を一番お勧めします。自分で苦労して調べたことは忘れないし、調べる過程で多くのことを知ることができます。

　正しい情報を調べるには医療法、医療法施行令、医療法施行規則などの法令、厚生労働省が出した通知、厚生労働省内で行われた検討会や審議会の議事録等の資料、規制改革会議の議事録等の資料をとにかく納得できるまで読む必要があります。筆者はこれを原典主義と呼んでいます。

　安易にインターネットや書籍に書いてあることを信じないことが大切です。

　根拠が書かれていない記事はほとんどが都市伝説的なうわさ話の類だと思ってください。

　しかし、根拠が書かれているから正しい情報だと思うのもダメです。

　長い間、都道府県は医療機関でコンタクトレンズの販売はできないと指導していましたが、その根拠として医療法第7条第5項を挙げていました。

　一般人であれば行政庁が医療法を根拠に指導していれば正しい情報と思うのは仕方ないことだと思いますが、行政の指導が正しいとは限りません。

　自分自身で原典である医療関連法規を確認し、納得できたのであれば正しい情報として判断してください。

　行政庁の指導根拠ですら間違っていることがあるくらいですから、民間のホームページに記載されていることや、書籍に書かれていることは頭から疑ってかかる必要があります。

　当然ですが、本書に書いてあることも疑ってください。絶対に一度は自分自身で原典を確認するクセをつけることを強くお勧めします。


　原典をいくら調べてもわからないことが出てきた場合は行政庁に問い合わせて見解を聞くことをお勧めします。

　行政庁の中にはなかなか教えてくれないところもありますし、問い合わせるのは面倒臭いと考える方も多くいらっしゃると思いますが、価値のある情報を

入手するためには避けて通れない道です。

　たとえば、平成16年の出資額限度法人のときも厚生労働省が出した通知だけではどうしてもわからないことが多かったので、筆者は国税庁と厚生労働省に直接問い合わせています。

## （2）　情報通から教えてもらう方法

　ひたすら自分で調べたほうが間違いなく自分自身のレベルアップにもなりますが、自分自身でできることには限度があり、すべてを自分で調べることは現実的に不可能です。

　そのようなときは、情報通から教えてもらうしかありません。

　情報通といっても、はっきりいって医療業界のすべてに精通した人はいないと思いますので、なるべく多くの分野の情報通との人的ネットワークを築いておく必要があります。

　そして、最も重要なのは自称情報通ではなく、本物の情報通に教えてもらうことです。

　残念ながら、税理士も自称医業経営コンサルタントが多いのが現状です。

　自称か本物かはホームページや名刺だけでは絶対に判断できません。実際に会って話をしたときに、自分自身の経験を中心に話をする方で、かつ、根拠のある正しい情報をもとに仕事をしている方であれば本物と判断して差し支えないと思います。

　しかし、知り合いに誰それがいるとか、人から聞いた話ばかりだったり、やたら自慢話をする方は自称の可能性が高いといえます。

　さまざまな分野の（本物の）情報通との人的ネットワークを作っておくことは医業経営コンサルタントとしてとても重要なことです。

　筆者は平成12年に税理士事務所を開業して以来、長い間独りで仕事をしてきました。独りだったからこそ、すべて自分自身で調べるクセがついたので、独りが悪いというわけではありませんが、やはり独りでやれることには限界があります。

そのことを痛感したのは、平成22年にプロフェッショナルと呼べる医業経営コンサルタントの育成を目的とした医業経営研鑽会という同業者団体を設立し、そこで多くの仲間ができたからです。

　仲間というより同じ志を持った同志といったほうがしっくりきますが、とにかく、さまざまな分野の情報通と知り合うことができました。

　東洋学に「思考の三原則」という考え方があります。物事につき目先にとらわれず長い目で見ること、一面だけ見ないで多角的・多面的に見ること、枝葉末節にとらわれず本質を見ることが大切という考え方です。

　独りで仕事をしていたときはやはり偏った考え方をしていたと思います。医業経営研鑽会という同業者団体のおかげで多角的・多面的な考え方ができるようになり、以前に比べると仕事の幅が広がりました。

　ただし、気をつけていただきたいのは、教えてもらうばかりではダメということです。

　自分自身も価値のある情報を持っているからこそ、さまざまな分野の情報通との人的ネットワークができるのです。

（西岡秀樹）

第5章　顧問契約した病医院を離さないノウハウ　153

**COLUMN**

## 地方の会計事務所の特徴と成長戦略

　本書を手に取られた方の中には、自分は地方で会計事務所を開業している、またはこれから地方で会計事務所を開業する予定だから、マーケットの小さい医療業界に参入することは大変困難ではないか、または意味がないと思っている方も多いのではないでしょうか。

　実は筆者も地方で会計事務所を経営しています。

　現在、地方では、いわゆるアベノミクス効果がなかなか浸透せず、製造業、小売・卸売業、飲食等サービス業、すべて経営環境は大変厳しい状況です。そんな中、唯一これまで存続・成長してきた業界が医療業界です。

　この医療業界を顧問先として持てるか否かが、地方で会計事務所を経営していくうえでの成長発展の要因になるのではないかと思います。

　これからいよいよ社会保障費が削減されることに伴って、医療業界はこれまでと打って変わって相当に厳しい経営環境になることが予想されますが、その反面、医療業界からの経営相談ニーズが相当増えていくことが想定されるため、そのニーズに応えられる会計事務所を目指すか否か、ということです。

　そのニーズに応えられない会計事務所では、ますます顧問先が減少していくことになると思います。

　ここで、改めて地方の会計事務所の特徴を考えてみたいと思います。

- ほとんどの会計事務所は自己所有の不動産で開業しているため、その場所を簡単に変えることはできない。いわば、その地域で逃げも隠れもできない状態です。よって、良い評判も悪い評判も、時間の差はあれ必ず伝わります。
- 地方の場合は、税務署の調査で何度も同じ調査官と遭遇します。よって、税務署にも会計事務所の品質はほとんど知られているといってよいと思います。地元税務署は、税務調査をして増差税額が出る会計事務所か否か、医療業界に詳しい会計事務所か否かはわかっているので

す。

- 会計事務所とドクターの住居の自治会等が同じになる場合は、敬遠されることもあると思われます。
- 地方でも他の会計事務所との競争はありますが、都市部での競争に比べれば、顧問料およびサービス体制・品質の競争は激しくないと思われます。まだまだ医療業界に適正なサービスを提供できていない会計事務所が相当数あるからです。ただ、最近は都市部からの進出もかなり聞かれるようになりました。
- これは地方に限らず全国的なことかもしれませんが、後継者のいる会計事務所は非常に少ないです。そして会計事務所の事業承継について危機意識を持っている税理士が少ないことも事実です。
- 地方の税理士会は、"お仲間集団"的な色彩があることと思います。

　地方の会計事務所の特徴を踏まえ、これをどう活かすかが大切だと思います。

（小山秀喜）

# 第6章

## 税理士とコンサルタントは
## 共存できる

# ① 税理士業務とコンサルティング業務 の違い

## 1 税理士業務とは

　税理士の主たる業務は確定申告、税務調査の立会いなどの税務代理、税務署などに提出する確定申告書などの書類の作成、および税務相談（以下、税理士業務）です。

　また、税理士業務に付随して財務書類の作成、会計帳簿の記帳代行、その他財務に関する業務（以下、会計業務）を行うこともできます。

　税理士業務は税理士の独占業務です。税理士以外の者が税理士業務を行うと2年以下の懲役または100万円以下の罰金に処せられます。

　これに対して、会計業務は税理士の独占業務ではありません。税理士法でも会計業務は税理士業務に附随して行うことができると規定されていますし、税理士業務と違って罰則規定もありません。

【税理士法】

（税理士の業務）
第二条　税理士は、他人の求めに応じ、租税（印紙税、登録免許税、関税、法定外普通税（地方税法（昭和二十五年法律第二百二十六号）第十条の三第二項に規定する道府県法定外普通税及び市町村法定外普通税をいう。）、法定外目的税（同項に規定する法定外目的税をいう。）その他の政令で定めるものを除く。第四十九条の二第二項第十号を除き、以下同じ。）に関し、次に掲げる事務を行うことを業とする。
　一　税務代理（税務官公署（税関官署を除くものとし、国税不服審判所を含むものとする。以下同じ。）に対する租税に関する法令若しくは行政不服審査法（昭和三十七年法律第百六十号）の規定に基づく申告、申請、請求若しくは不服申立て（これらに準ずるものとして政令で定める行為を含むものとし、酒税法（昭和二十八年法律第六号）第二章の規定に係る申告、申請及び不服申立て

第6章　税理士とコンサルタントは共存できる　157

を除くものとする。以下「申告等」という。）につき、又は当該申告等若しく
は税務官公署の調査若しくは処分に関し税務官公署に対してする主張若しくは
陳述につき、代理し、又は代行すること（次号の税務書類の作成にとどまるも
のを除く。）をいう。）

二　税務書類の作成（税務官公署に対する申告等に係る申告書、申請書、請求
書、不服申立書その他租税に関する法令の規定に基づき、作成し、かつ、税務
官公署に提出する書類（その作成に代えて電磁的記録（電子的方式、磁気的方
式その他の人の知覚によつては認識することができない方式で作られる記録で
あつて、電子計算機による情報処理の用に供されるものをいう。第三十四条第
一項において同じ。）を作成する場合における当該電磁的記録を含む。以下同
じ。）で財務省令で定めるもの（以下「申告書等」という。）を作成すること
をいう。）

三　税務相談（税務官公署に対する申告等、第一号に規定する主張若しくは陳述
又は申告書等の作成に関し、租税の課税標準等（国税通則法（昭和三十七年法
律第六十六号）第二条第六号イからへまでに掲げる事項及び地方税に係るこれ
らに相当するものをいう。以下同じ。）の計算に関する事項について相談に応
ずることをいう。）

2　税理士は、前項に規定する業務（以下「税理士業務」という。）のほか、税理
士の名称を用いて、他人の求めに応じ、税理士業務に付随して、財務書類の作
成、会計帳簿の記帳の代行その他財務に関する事務を業として行うことができ
る。ただし、他の法律においてその事務を業として行うことが制限されている事
項については、この限りでない。

3　前二項の規定は、税理士が他の税理士又は税理士法人（第四十八条の二に規定
する税理士法人をいう。次章、第四章及び第五章において同じ。）の補助者とし
てこれらの項の業務に従事することを妨げない。

　税理士業務、会計業務ともに基本的に時間や労力を費やして行う手間作業で
す。

　税務相談だけは手間作業ではありませんが、税理士が行う業務は手間作業が
中心なので、極論すると誰がやっても同じような結果になります。

　誰がやっても同じような結果になるので、税理士業務や会計業務だけではど
うしても報酬は安くなりがちですし、差別化は図れません。

## 2　コンサルティング業務とは

### （1）　コンサルタントに関する資格と名称使用制限

　コンサルタントは税理士と違い、国家資格ではありません。

　コンサルタントの資格制度を作っている民間団体はたくさんあります。

　医療業界でいえば、公益社団法人日本医業経営コンサルタント協会による認定登録医業経営コンサルタント、一般社団法人日本医療経営実践協会による医療経営士などが有名です。

　しかし、税理士と違い国家資格ではないので、法的な名称の使用制限はありません。

　たとえば、一般社団法人日本医療経営実践協会のホームページには「医療経営士の名称独占について」というページがありますが、「医療経営士の認定登録に対する本協会の取り組みをご理解いただき、医療経営士の名称を使用する場合には、ご留意くださるようお願い申し上げます」と名称独占への理解と協力を求める内容になっています。

　法的な名称の使用制限はありませんが、団体の認定を受けていない者が認定登録医業経営コンサルタントや医療経営士といった名称を使用することは誤解を招くおそれがあるので控えてください。

　これに対し、医業経営コンサルタント、医療経営コンサルタント、医療コンサルタントといった名称はどこの民間団体の認定資格でもないので、名称の使用制限はありません。

　どの名称が正しいということはありませんので、ご自身が気に入った名称をお使いください。

### （2）　コンサルティング業務の内容

　広辞苑（岩波書店）には、コンサルタントは「一定の事柄について相談・助言・指導を行う専門家」と書かれています。

　ひと口にコンサルタントといってもその業務内容はさまざまで、税理士と違

い決まった分野はありません。

第5章の「4　医療業界に精通することが大切」の図「病医院が関わっている主な機関」にあるように病医院には多くの機関が関わっています。

「多くの機関が関わっている」ということは、多くの専門家が必要になります。

相談・助言・指導を行う専門家をコンサルタントと呼ぶのであれば、病医院には多くのコンサルタントが必要ということになります。

本来は全分野をカバーできることが望ましいですが、全分野に精通した専門家はほとんどいません。

ですから、自分の得意分野が一目でわかるような名称をつけることをお勧めします。

たとえば「医療税務コンサルタント」、「医療法務コンサルタント」、「病院建築コンサルタント」等です。これであれば一目でどの分野が得意なのか誰もがわかるはずです。

ただし、気をつけていただきたいのは、税理士のように法律で独占業務が定められている分野があるという点です。弁護士、司法書士、行政書士、社会保険労務士などの独占業務の範囲をよく確認してください。

このように業務内容はさまざまですが、共通していることが1つあります。

それはコンサルティング業務は基本的に手間作業ではなく、事前アドバイスである点です。

医療法人設立認可申請や雇用関係助成金申請は手間作業ではないかと思われた方もいるかもしれませんが、医療法人設立認可申請は行政書士、雇用関係助成金申請は社会保険労務士の独占業務であり、コンサルティング業務ではありません。

医療法人をどのタイミングで設立するか、どのような社員・役員構成で設立するか、個人開設のままとどちらがよいか、医療法人化ではなくMS法人の活用という選択肢はないかなど事前アドバイスを行うのがコンサルティング業務です。これは雇用関係助成金申請についても同様です。

要するにコンサルティング業務は時間や労力を費やして行う手間作業ではなく、ノウハウやアイデアを提供する事前アドバイスが中心なので、手間作業と違い、人によって事前アドバイスの質が大きく異なります。

　人によって事前アドバイスの質が大きく異なるので、人気のあるコンサルタントの報酬は高くなりますし、差別化も図れます。

（西岡秀樹）

## ② 医療法人設立コンサルティングと士業との関わり

### 1 医療法人の設立には大きなリスクも潜んでいる

　筆者はこれまで多くの医療法人から相談を受けてきました。その中で、医療法人の設立は税理士にとってチャンスであるとともに、大きなリスクになることもあると感じています。

　「クリニックの業績が上がり、重税感が出てきた。ドクターのために少しでも税金を減らすために医療法人の設立をお手伝いしよう。」

　このように考えて医療法人の設立手続をしたのにもかかわらず、その後クライアントの信頼を失い、顧問契約を切られてしまった税理士を数多く見てきたからです。

　信頼を失ってしまった大きな原因としては以下のようなことが考えられます。

---

- 設立手続に時間や手間をとられてしまい、ドクターに十分なヒアリングを行うことができなかった。
- 医療法人制度やメリット・デメリット、留意点などが十分説明できていなかった。
- 活用の打ち合わせをする間もなく、慌ただしくドクターが蚊帳の外の状態で医療法人が設立されてしまった。

---

　その結果、ドクターは以下のような気持ちになっています。

---

- ほとんど何も理解できていなくて、医療法人に関することはブラックボックスの中で進められている。
- 言われたままに印鑑は押したけど、何となく不安だな。でも税理士が手続きしているので大丈夫だろう。

---

それでも、十分メリットが出ていればよいのですが、「そのメリットを感じられない」、「設立しないほうが良かったのではないかと感じる」などドクターの不満がどんどん溜まっていくことがあります。

医療法人の設立は多くの業者にとっても大きなビジネスチャンスと考えられています。医療法人を設立するということは利益が出ていて、お金がたくさんあるだろうと思うからです（実際には設立当初はキャッシュ・フローが厳しいことが多いのですが…）。

医療法人を設立するとその名簿は行政機関で閲覧できますので、その名簿を使って多くの業者からさまざまなアプローチがあります。

それらの業者は医療法人の活用のノウハウを豊富に持ち（自分の業界に絞った活用方法には非常に詳しい）、いかに税金を少なくするかなどのアドバイスをドクターに行います。

そのようなときに医療法人の活用が十分できていないことがわかると、今まで溜まってきたドクターの不満が爆発してしまいます。

ドクターのためを思ってせっかく医療法人を設立したのに、信頼を失って顧問契約を切られてしまう。このようなことが起こってしまうのです。

## 2　医療法人設立の目的は、良い医療を行い、良い人生を送ること

ドクターが医療法人を設立する目的はさまざまです。というよりも、医療法人制度はよくわからないけれど、メリットがありそうなので言われたまま設立したという方が多いのではないでしょうか。

筆者はドクターの医療法人設立の目的は、良い医療を継続して行い、ドクター自身が良い人生を送ることだと考えています。

そのためには、設立を提案する人間がドクターを上手にリードしてあげる必要があります。

いくら優秀なドクターでも、学んだり経験したことがないことは理解できません。自分のことを客観的に見て全体最適な答えを出すことも困難です。

第6章　税理士とコンサルタントは共存できる　163

医業経営やドクター自身の生活の状態や将来の希望などをよく理解したうえ
で、「設立したほうが良いのかどうか」、「いつ設立するのがよいのか」、「誰が
理事になればよいのか」、「理事報酬額はどのように決めればよいのか」、「どの
ように医療法人を活用すればよいのか」など、さまざまなことを考えてわかり
やすく、理解できるようにアドバイスし続けることが求められます。

このようなアドバイスをしながら、複雑な医療法人の設立手続を行うことは
大変困難な仕事です。

もちろん、これらのことを1人で行える税理士はいますが、彼らは長年経験
を積み、能力を磨き続けてその力を蓄えたのです。

## 3　病医院での税理士業務の難しさ

筆者は多くの税理士と一緒に仕事をしています。その中で感じることは、
「病医院での税理士業務は大変だな」ということです。

一般企業での業務ももちろん大変だと思いますが、企業の場合は経理課や経
理担当者がいて、資料や情報のやりとりが比較的スムーズに進むことが多いよ
うです。

病院には組織があり、経理担当者がいると思いますが、個人診療所になると
環境は大きく違います。ドクターの他に担当窓口がないことが多く、「毎月の
資料がなかなか集まらない」、「ドクターとなかなか連絡がとれない」、「説明す
る時間が少ない」、「説明してもなかなか理解してもらえない」など、傍から見
ていても、これは大変な仕事だなと感じます。

このような毎月の処理や決算手続などを行うだけで、時間や労力を使い、そ
れ以外のことになかなか意識を向けることが難しい状況になることもあるので
はないでしょうか。

このような状況で医療法人設立の手続きを行っていると、物理的・精神的に
も余裕がなくなり、とにかく認可申請の期限に間に合うよう手続書類を作成す
ることに専念せざるを得なくなっても不思議ではありません。

## 4　医療法人の設立には人の力を借りることも重要

　筆者は毎月クライアントに訪問し、コンサルティングを行っています。

　月次試算表のデータを事前に税理士からもらったり、クライアントが持っている資料を見ながら課題をみつけたり、対策を考えたりします。

　また、月次試算表のデータのトレンドを見ながら、キャッシュ・フローを重点的にチェックしています。

　それ以外にもさまざまな相談を受けることがあります。「患者にもっと来てもらうためにはどうすればいいのだろうか」、「子どもの医学部の学費を支払うことができるのだろうか」、「親の相続が発生すると心配だ。対策は必要だろうか」、「賃貸アパートの建て替えをしたい」、「家を建てたいがお金は大丈夫だろうか」、「スタッフの問題があるので何とかしたい」などなど。

　医業経営に限らず、個人の生活に関わることの相談を受けることも多く、その中で今後の医業経営をどうしたいのか、人生設計をどのように考えているのかなどをクライアントと共有することが自然にできているように思います。

　そのようにコンサルティングをする中で、タイミングを見ながら医療法人の設立の話をしていきます。

　まだ医療法人を設立するには早いと思われる時期に、制度や設立のメリット・デメリットなどをお伝えします。

　そして、医療法人を設立するタイミングになると、税理士に依頼して医療法人を設立した場合のシミュレーションをしてもらうことになります。

　「誰が理事長になるのか」、「理事報酬はどれくらいにするのか」など、できるだけ具体的な情報をベースにシミュレーションをしてもらいます。

　シミュレーションの資料が出来上がると、税理士と一緒にクライアントに説明をします。このときには、シミュレーション資料の説明とともに再度、医療法人制度についてメリット・デメリット、留意点などについても説明をします。

　クライアントにとっては初めてのことですし、複雑なことも多くありますので、じっくりと説明をします。

税理士と筆者の２人で説明をすることのメリットは、人の説明を聞いていると、クライアントがよく理解できていないことや、誤解しているのではないかということがわかることです。その部分をお互いに補足できると、さらにクライアントの理解が深まります。

説明が終わり、「医療法人を設立しよう」となった場合、手続きの経験が豊富な税理士であれば手続きを依頼しますが、そうでない場合には経験豊富な行政書士に依頼することもあります。

医療法人設立の手続きは非常に煩雑で、少しのミスが将来大きな損失につながる危険性があります。多くの医療法人設立の経験があり、熟練した行政書士に手伝ってもらえると本当に安心です。

時間をかけて説明をし、クライアントに納得をしてもらったうえで熟練した税理士、行政書士の力を借りながら医療法人を設立しても、設立後にクライアントから不信感を持たれることもあります。

医療法人を設立しても、「あまりお金が貯まっていない」、「現金の拠出をなぜしなければならないのか」、「借入金を全部医療法人に移管できないのが不満だ」、「拠出した基金を早く戻したいができないのだろうか」など、事前に十分説明をしたと思っていたにもかかわらず、理解してもらえなかったことが多くあります。

このようなときには、正しい根拠をもとに、再度じっくりと説明をして理解・納得をしてもらうのですが、後から何度も説明を繰り返し、医療法人を設立した意義やメリットを確認してもらうことも重要です。

「忙しかったので、とりあえず医療法人の設立手続をしました」という状況だと、クライアントからの信頼を失ってしまいます。

医療法人制度の理解が十分でなく、設立の経験があまりない時期には、このようなリスクを避けるために、熟練した専門家と連携することをお勧めします。

（近藤隆二）

## ③ 医療法人の解散・清算コンサルティングと士業との関わり

### 1　医院の閉院、医療法人の解散の相談が増えている

　筆者には、このところ医院の閉院や医療法人の解散についての相談が増えています。

　院長先生が高齢になり、跡継ぎがいないのでやむなく閉院をするというケースが増えているからです。

　このような相談がありました。

　「理事長が急に体調を崩し、診療ができなくなってしまった。長男が臨時で診療を継続しているが、他の病医院での勤務を続ける予定で、跡を継ぐ意思はない。まずは医院の閉院時期を決めて、患者にその旨を伝えている。どのような手続きをすればよいのかを税理士に相談したが、要領を得ないのでアドバイスがほしい。」

　医院を閉院すること自体は届け出で済むので、それほど大変ではないのですが（とはいえ、スタッフの退職手続やカルテや麻薬の取扱いなど、状況によって相当の手間がかかることがあります）、医療法人で開設している場合は少々厄介です。

　医院を閉院しても医療法人は存続しています。医院を閉院した後に医療法人をどのようにすればよいのかを理解している税理士はあまりいません。

　多くの税理士は誤った認識を持っていて、一般の会社の解散と同じように簡単にできるものだと考えています。その結果、誤った対応をしてしまい、医療法人を解散できなかったり、閉院をすれば手続きは終わりだと勘違いして放置し、休眠医療法人となってしまうなど、困った状況になることがあります。

　この分野はこれから相談が増えると思われますし、詳しい専門家もほとんどいないので、ここに特化してクライアントを得ることも可能ではないでしょうか。

## 2　医療法人の解散は株式会社の解散とは大きく違う

　医療法人の解散は株式会社の解散とは大きく違います。

　株式会社の解散は株主総会の決議で行うことができるため、オーナー会社の場合にはオーナーの意思でいつでも解散することができます（解散の後に清算法人に移行し、清算処理を行います）。

　医療法人は設立するときに行政に設立認可申請を行い、認可を得た後に設立しているので、解散するときにも、一般的なケースでは解散認可申請が必要になります（本項では医療法第55条第3号に当てはまる医療法人社団のケースについて説明します）。

　医療法第55条には、医療法人社団の解散事由が以下のように定められています。

**【医療法第55条】**

> 社団たる医療法人は、次の事由によつて解散する。
> 　一　定款をもつて定めた解散事由の発生
> 　二　目的たる業務の成功の不能
> 　三　社員総会の決議
> 　四　他の医療法人との合併
> 　五　社員の欠亡
> 　六　破産手続開始の決定
> 　七　設立認可の取消し

　医療法人の一般的な解散手続の流れは以下のようになります。

```
┌──────────────────┐
│   解散認可申請    │
└──────────────────┘
        ▼
┌──────────────────┐
│   医療審議会      │
└──────────────────┘
        ▼
┌──────────────────┐
│      答申        │
└──────────────────┘
        ▼
┌──────────────────────┐
│  解散認可書の交付・受領  │
└──────────────────────┘
        ▼
┌──────────────────────┐
│  解散および清算人選任登記  │
└──────────────────────┘
        ▼
┌──────────────────────┐
│   登記事項の届け出     │
└──────────────────────┘
        ▼
┌──────────────────────────┐
│  公告（2か月以内に3回以上）  │
└──────────────────────────┘
        ▼
┌──────────────────────────────────┐
│           清算手続                │
│  ①  現務の結了                    │
│  ②  債権の取立ておよび債務の弁済    │
│  ③  残余財産の引渡し              │
└──────────────────────────────────┘
        ▼
┌──────────────────┐
│     清算結了      │
└──────────────────┘
        ▼
┌──────────────────┐
│   清算結了登記    │
└──────────────────┘
        ▼
┌──────────────────┐
│   登記事項の届出   │
└──────────────────┘
```

　この中で最も困難なのは解散認可申請です。手続きの書類をきちんと揃える
必要がありますが、解散理由書には解散するに至った経緯、理由を具体的かつ
詳細に記載することが求められます。必要書類を揃えることができなかったり、
解散理由書がうまく作れなかったために、手続きに大きな手間や長期間の時間
がかかることも多いようです。また、手続きが完了せず解散が認められなかっ
たという事例もあるようです。

【参考】　東京都 医療法人運営の手引　8．第5章　解散手続

第6章　税理士とコンサルタントは共存できる　169

http://www.fukushihoken.metro.tokyo.jp/iryo/hojin/uneitebiki.html
医療法人解散実務の詳細は以下の書籍を参考にしました。
『医療法人の設立・運営・承継・解散』（医業経営研鑽会著、日本法令）

## 3　医療法人の解散・清算の具体的な事例

　上記2に記載したことを税理士が理解していなかったため、危うく誤った対応をしそうになった事例があります。

　このケースでは、理事長が急に体調を崩して、長男が臨時で診療をしていました。「閉院のスケジュールは決めているので、どのような手続きをすればよいのか教えてほしい」とのことでした。

　閉院の手続きを自分で行いたいとのことなので、手続きの流れの概要を伝えました。また、閉院しても医療法人は存続すること、解散には手続きが必要でその概要も伝えました。

　医療法人が医院の開設者になっていて、閉院しても法人そのものは存続することの意味をなかなか理解してもらえなかったため、ていねいに繰り返し説明をしました。説明をする中で、閉院の手続きそのものについても心配なことが出てきたので、別の日を設定して、医療に詳しい行政書士に同席してもらい重要チェックポイントの説明をしました。

　閉院の手続きも複雑で、行政とのやりとりが複雑になる可能性が出てきたので、手続きを行政書士に依頼することにしました。これは結果的に正解でした。

　閉院の手続きが完了し、医療法人の解散の手続きに入ろうとしたところ、問題が発生しました。税理士が株式会社の解散と同じ感覚で手続きを進めようとしたのです。以下にそのときの理事長の長男からのメールを転載します。

【クライアントから筆者へのメール】
平素より大変お世話になります。メールありがとうございました。
先生のご方針と税理士事務所の方針（考え？）が、かなり異なっていることがわかり、少々困っております。少し前までは、「コンサルタントの方に何を用意し

たらよいか聞いておいてください」というスタンスだったのですが。

しかし問題の多くは、私の言葉足らずや伝達力不足によるものかと思います。以下に税理士事務所からのメールを転記いたします。「医院の解散の件」とは昨日、先生に「売却でなく解散にしたい」と伝えた件です。

（以下、税理士事務所からクライアントへのメール引用）
○○先生
お世話になっております。
医院の解散の件、承知しました。
財務上、4月末に閉める予定ですが、そのときに会計上現金預金、債権、債務を整理するために預金残高を0にするという意味です。
預金関係を現金でおろしておけば、仮に4月30日までに処理できないことが生じても、財務上は多少の融通が利きます。
院長先生、お母様に退職金を支払う予定です。
金額は、まだ確定していませんが、現金で支払う予定です（銀行振込でない）。
解散の手続きは、コンサルタントがやられますか？
こちらは、4月末〆6月申告の決算手続でよろしいですか？
以上、よろしくお願いします。
税理士　△△△

　このメールからは、税理士が医療法人制度そのものをよく理解できていないことがわかります。医院を解散することはありません。あくまでも閉院です。そして、閉院しても医療法人は存続しています。この医療法人の決算は12月ですので財務上、4月末に閉める予定というのは間違いです。

　このような対応をすると解散の申請に支障が出るおそれがあるので、筆者から以下のメールを返信しました。

【筆者からクライアントへのメール】
○○先生
おはようございます。
ご連絡をいただき、ありがとうございます。

○○先生、お母様でじっくり検討していただき感謝いたします。

まず最初に、△△△税理士事務所の方が言われていることは大変危険ですのでその通りに行うことはやめていただけますでしょうか？

医療法人のことを理解されていないようです。

解散をするには行政の認可が必要です。

そのときに不自然なお金の流れがあると、認可そのものが下りなくなる危険性があります。

（預金口座を現金に換えても、同じ医療法人の資産ですので何も変わりはありません。医療法人の資産をもし個人に理由もなく移してしまうと問題になりかねません。）

もしかすると企業の倒産のケースをイメージされているのかもしれませんが、医療法人は現在も存在していて、理事は在籍していて、倒産をするわけではありませんので安心してください。

ですので、本来銀行や各種保険の手続きもする必要はないはずです。

（そのように銀行や保険会社にお伝えください。）

特に保険などは保証がありますので、簡単に解約されないほうがよいケースもあるかもしれませんので、慎重になさってください。

また法人の決算は12月とうかがっていますので、今決算をする意味はまったくありません。

解散を行うのであれば、通常の決算を行い、解散の認可が下り、解散をした時に確定申告を行い、その後清算法人に移行し、残余財産を確定したのちに最終的な確定申告を行います。

以上よろしくお願いいたします。

　このメールを送り、前掲した参考書籍『医療法人の設立・運営・承継・解散』を税理士に読んでもらうよう依頼しました。その結果、税理士の理解も得られ、その後は手続きの状況に応じ、連絡を取り合いながら対応をしてもらえることになりました。

　その後、行政書士に解散以降の手続きを依頼しました。手続きが完了するまで長期間かかります。本書執筆現在、時期は未定ですが、状況を税理士と共有し、共同で清算手続の完了を目指しています。

（近藤隆二）

## 4 医業承継・ライフプランコンサルティングと士業との関わり

### 1 医業承継は親子2世帯のライフプランを考えるところから始まる

本章③で述べた「医療法人の解散・清算」とともに、医業承継の相談も多くなっています（ここでは主として親子間での承継について述べます）。

院長が高齢になり、子どもが医師の場合には「家族なので承継は簡単にできるのではないか」と思われるかもしれませんが、多くの場合、そうではありません。

医業を承継するといっても、ある日を境にいきなりバトンタッチできるものではありません（現院長が急に不在になった場合などはこの限りではありません）。現院長は、次期院長とある程度の期間、一緒に働きながらさまざまな引継ぎを行いノウハウを伝えていく必要があるからです。

そして、その間は現院長が報酬不要の場合を除き、2世帯が生活できるだけの報酬を支払い続ける必要があります。なので、現在、2世帯に必要な報酬額はいくらなのか、今後の必要報酬額はどう変わっていくのか、現院長はいつリタイアするのか、リタイア後の蓄えは十分かなどのライフプランをきちんと考えなければなりません。そして、その報酬を賄うためには、医業経営を今後どのようにしていかなければならないのかを十分検討する必要があります。

これを十分考えていないために、医業承継がなかなか進まなかったり、承継そのものが頓挫してしまうことがあります。

医業承継がうまく進まない理由としては、以下のようなことが考えられます。

---

• 現院長が経営の現状を把握できておらず、次期院長にうまく伝えることができていない。

第6章　税理士とコンサルタントは共存できる　173

- 次期院長が経営の現状を理解できず、大きな負債を引き継がなくてはならないのではないか等の不安を抱え、疑心暗鬼になっている。
- 医業経営が厳しく、利益があまり出ていないにもかかわらず、次期院長が多額の報酬を求めている。
- 次期院長の勤務医意識が抜けず、勤めさえすれば給料がもらえるものだと考えている。
- 親子間の意識のギャップが大きく、コミュニケーションがうまくとれていない。
- 親子間で情報の共有ができておらず、共通の目標を持つことができていない。

　要は親子間のコミュニケーションがうまくとれず、どうすればよいのかさえよくわからない、といった状況が多いようです。親子間で相手を信頼して、安心して前向きな話ができる環境ができていないということが医業承継がうまく進まない原因です。

## 2　医業承継コンサルティングの具体的な事例

　平成17年頃の筆者主催のセミナーに参加して無料相談を申し込まれた、70歳を目前にした理事長がいます。最初の相談は「5年間医療法人の赤字が継続していて、何とかしたい」というものでした。

　医療法人の5期分の決算書を見ると、たしかに毎年1,000万円程度の赤字が続いています。出資額が3,000万円程度でしたので債務超過状態でした。

　原因は一目でわかりました。不要に過大な理事報酬をとっていることでした。すぐに理事報酬を大幅に下げて、この課題は解決しました。

　しかし、それで課題がなくなったわけではありませんでした。「長男が勤務医で、5年ほど後に医療法人を承継したいのだが長男が納得していない」という課題が浮かび上がってきました。

　そこで、長男を交えて話をしたところ、長男は十分な説明を受けていないた

め、経営の現状などはまったく理解しておらず、周りの人たちから根拠のない情報をたくさん聞いて疑心暗鬼になっていました。借入金がないにもかかわらず、「大きな負債を引き継がされるのではないか？」などネガティブな意識で満たされていました。

　また、「自分が医業を承継したら、年間○○○○万円の報酬が必要だ」と現状ではとても支払うことができない金額を要求するような発言が頻繁に出ました。勤務医の意識で、勤めれば給料はもらえるものという考えでした。

　長男の意識がこのままでは医業承継をしてもうまくいくはずはありません。その意識が変わらないのは、現状が理解できておらず、今後の医業経営をどうすればよいのかがわからないからだと感じました。

　そこで、現在の経営の状況をわかりやすく伝えることから始めることにしました。そのためには税理士からデータを入手したり、筆者がわからないことを教えてもらったり、さまざまな協力をしてもらう必要があります。

　現在の顧問税理士に協力してもらえるかどうか、不安でしたが、現院長が今回の過大な理事報酬を決め、適切なアドバイスをしてくれなかったことを理由に税理士を替えて、新たな税理士を顧問にしました。

　新たな税理士からは積極的な協力をいただき、今後の両家族のライフプランと医業経営のシミュレーション表を作成して、現院長、次期院長同席で説明をしました。

　次期院長には経営の現状、自分が希望する報酬は現状では支払うことが無理なこと、その報酬を得るにはあとどれくらいの収入を自分の力で上げる必要があるか等を理解してもらい、５年後の理事長就任の意思を固めてもらいました。

　今回のケースでは過大な理事報酬を長年支払っていたため、医療法人に金融資産はほとんどなく、理事長から多額の借入れをしていた状態で、医業承継に伴う設備投資の資金などもありません。しかし不幸中の幸いで、債務超過であったため「持分のある社団医療法人」（一口メモ参照）にもかかわらず出資持分の評価がゼロなので、税理士の協力を得て、持分すべての贈与を無税で行うことができました。

第6章　税理士とコンサルタントは共存できる　175

　長男の理事長就任の意思が固まったこと、出資持分の贈与が完了したことなどは、あくまでもスタート地点に立てた段階です。

　これから、経営の状況や、経営に関する知識・ノウハウなどを時間をかけて吸収してもらう必要があります。そのためには毎月の経営会議を税理士とともに行い、しばらくの間は親子揃ってその会議に参加してもらう必要があると考えています。

（近藤隆二）

**一口メモ**

**持分のある社団医療法人**

　社団医療法人は大きく「持分あり」と「持分なし」に分けられます。第5次医療法改正により、社団医療法人は「持分なし」の設立しかできなくなりました。しかし、平成19年4月1日以前に設立された「持分あり」の社団医療法人は定款で定めることにより、解散したときに出資額に応じて残余財産の分配を受けたり、社員資格を喪失した場合には出資額に応じて払戻しを請求することができます。このため、出資持分の評価額が相続財産になり、相続対策を考えなければならないケースも出てきます。

## ⑤ 税理士のタイプ別に見る共存のあり方

### 1 ドクターの要求と自分のタイプ・能力をマッチさせることが重要

　これまで、ドクターが望む税理士の姿や、税理士に必要な能力・ノウハウなどについて述べてきましたが、これはあくまでも理想の姿です。本書に書かれていることがすべて完璧にできる税理士は日本中探してもそう多くはいないのではないでしょうか。

　ですので、自分の現状とこの理想の姿を比較して「自分はまだまだなので、自信を持つことができない」と悲観的になることはありません。

　人にはさまざまなタイプやキャラクター、得手・不得手などがあります。意識しなくても簡単にできてしまう強みもありますが、どうしてもできない弱みもあります。すべてに完璧な人間はいないということです。

　また、どんなに優秀な人でも、学んだり経験したことがないことはわかりませんし、うまく行動することはできません。時間をかけて向上していくしかありません。

　自分が理想とするレベルになるまで行動できないと考える人がいますが、これは間違いです。それではいつまでたっても行動することはできません。今現在、自分のレベルはどうなのか、できることは何かを明らかにして、それにマッチするドクターにアプローチすることが重要です。

　マッチするドクターと仕事をすることで、経験を積むことができ、ノウハウが蓄積され、レベルがアップします。レベルアップしたら、次はそれにマッチするドクターにアプローチすればよいのです。

　これを繰り返すことによって、いつしか相当レベルが高い税理士になることができると思います。

## 2　税理士のタイプ別に共存する

　ドクターのタイプや要求などによって、顧問の税理士のタイプも大きく違います。

　今までに一緒に仕事をしてきた税理士を大きく4つのタイプに分けて、共存のパターンをお伝えします。

### ①　病医院のお金の流れと会計・税務申告のみ理解しているタイプ

　クリニックを個人で開設して、日々診療をきちんと行い、今後大きな医業の展開は考えていないドクターには、このような税理士がマッチします。

　毎月の試算表を作り、報告をきちんとしてくれる。特に毎月訪問する必要もないので月次の資料は郵便やメールで送ってくれて、決算時期など年に何回か訪問してアドバイスをしてくれる。また、急ぎの場合には電話やメールで相談にも乗ってくれる。

　このような税理士を望んでいるドクターは多いのではないでしょうか？　ポイントは顧問料が比較的安いことです。日々のルーチンのような業務をコストを安く処理してくれるのは助かります。

　筆者は、このような税理士とはほとんど顔を合わせたり連絡を取り合うことはありません。コンサルティングを行うときにドクターから試算表を見せてもらい、それをベースにさまざまな相談を受けるようにしています。

　時々、不明なことがあればドクターの代わりに筆者が問い合わせをさせてもらったりする程度の付き合いです。

　良い関係を保ちながら、必要に応じて連絡を取り合う —— このような共存関係を持つことができています。

### ②　会計・税務申告＋ドクターのライフプランを考えられるタイプ

　会計・税務申告のみではなく、ドクター自身や家族のライフプランまでサポートできる税理士です。

　このような税理士が顧問でいてくれると、ドクターは大変助かります。

　特に個人クリニックの場合は、医業経営と個人の生活が一体化していること

が多く、コンサルティングは経営のみではなく、個人や家族のライフプランやファイナンシャルプランにまで及ぶことが少なくありません。

このような税理士は、医療法人を設立する場合のシミュレーションをするときも、医業のみのシミュレーションではなく、個人の必要所得やライフプランなども考慮に入れたシミュレーションをしてくれます。

個人のライフプランを考慮に入れず、単純なシミュレーションのみでメリットがあると判断すると、医療法人設立後に「失敗した…」ということになりかねませんので、大変重要なことです。

また、相続対策を考えるときにも大変大きな力になってくれます。医療法人の持分の評価額や、資産の総額などを計算してくれ、共同で相続対策を考えることができます。

さらに、さまざまな税制の変更や特例などのアドバイスをしてくれるので、ドクターにとってどのような対策をとると一番成果が出るのかなども一緒に考えることができます。

このような税理士とは、毎月のドクターとのミーティングに同席して、一緒に相談を受けるようにしています。

### ③　会計・税務申告・ライフプラン＋医療業界の情報に詳しい

②からさらにアップして、医療業界に詳しく、ドクターの医業の部分までアドバイスできる税理士がいます。行政との手続きや届け出などにも詳しく、医療法人設立やさまざまな行政の対応にも習熟しています。

このレベルの税理士はそう多くはありませんが、顧問でいてくれるとドクターは本当に助かります。

正直、このような税理士が顧問だと筆者の出番はほとんどありません。税理士１人で税務とコンサルティングの両方ができてしまうからです。

筆者は、このような税理士には医療法人設立のシミュレーションや出資持分の評価などについて、セカンドオピニオンとして協力をお願いすることがあります。安心できる頼もしいパートナーです。

### ④　会計・税務申告・ライフプラン・医療業界の課題や今後の方向性に精通し

ている

このレベルの税理士は正直、ほとんどいないのではないかと思います。

上記③に加えて医療業界の現状の課題に詳しく、それを解決するための行政の動向も把握し、それらを考慮に入れた総合的なコンサルティングができます。

病医院のコンサルティングはほぼ何でもでき、自分のノウハウを他の税理士やコンサルタントなどに教える立場の税理士です。

ある時期、筆者はこのような税理士に毎月のコンサルティングを依頼していました。自分の経験やノウハウ不足を補うため、月に一度の面談をして、1か月間に受けた相談の中で自分がよくわからないことを教えてもらうことを繰り返しました。

これが現在、筆者が医業経営コンサルタントとして活動できている大きな力になっていることはいうまでもありません。


最後にもう1つ重要なことをお伝えします。それは、信頼できる人的ネットワークを構築することです。

どんなに優秀な人間でも、自分が学んだことがない、経験したことがないことはよくわかりません。医業経営やドクターのライフプランのサポートをする中では大変広い範囲で専門的なノウハウが必要とされます。設計・施工・医療機器・薬剤・マーケティング・広告・ホームページ・労務・社会保険・保険・金融・相続等々。

これらの分野をすべて1人の人間がカバーすることはほとんど不可能です。そこで必要なのが、信頼できる専門家や企業人とのネットワークです。

クライアントの状況に応じ、それらのネットワークの力を活用していくことが質の高いコンサルティングをしていくためには不可欠です。

## 3　時間をかけて経験を積むことの重要性

前節では、税理士を大きく4つのタイプに分けて説明をしました。

③、④になるまでは正直時間と経験が必要ですが、①、②であれば意識さえ

すれば今でも十分行える人が多いのではないでしょうか。早速、自分とマッチするドクターにアプローチしてみてください。

そして、クライアントができれば経験を積みながら③、④を目指していくことになるのですが、1人ではなかなか多くの経験を積むのに時間がかかります。短時間で多くの経験を積むには、筆者も参加している医業経営研鑽会がおすすめです。

毎月の定例会ではディスカッション形式の事例研究会とセミナー形式の教育研修会が開催されています。③、④レベルの税理士や行政書士、専門家や企業人が多く参加して、特に事例研究会では会員の日々の活動の中から出てきた疑問に参加者全員で解決策を見出していきます。

医業経営コンサルティングの疑似体験が毎月できるので、自分のクライアントへのコンサルティングにも大きな効果が出ます。

また、信頼できる専門家や企業人とのネットワーク構築にも大いに役立ちます。

関心をお持ちの方はぜひ参加を検討してください。

皆さんの参加をお待ちしております。

第6章 税理士とコンサルタントは共存できる　181

【税理士のタイプ別に見る共存とクライアントとのマッチングのイメージ】

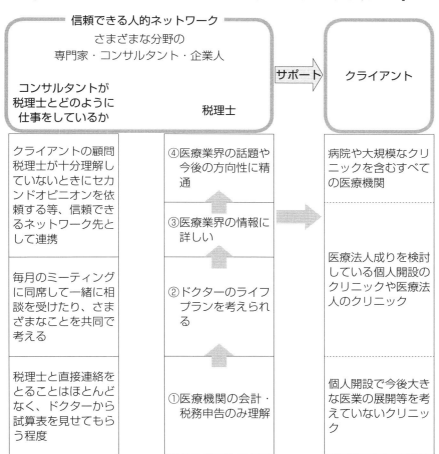

（近藤隆二）

**COLUMN**

## 診療科目によってドクターの性格は違う？

　筆者がこれまで医療業界で仕事をしている中で、いわゆる内科系のドクターと外科系のドクターでは何か性格が異なることが感じられます。

　内科系のドクターは、患者1人ひとりに時間をかけて診療することから、人の話（場合によっては何を言っているかわからないような方の話も）を非常によく聞き、どちらかというとゆったりした方が比較的多くみられます。

　外科系のドクターは、短い時間の中で患者の容態を的確に把握し、その場で最適な診療を行い、すべての事象に対してスピーディに瞬時に結論を出すような、どちらかというとエネルギッシュな方が比較的多くみられます。

　筆者の仕事は、さまざまなタイプの顧問先経営者の意見を聞き、その経営者の考えを最大限尊重して進めていくものですが、ドクターに対しても同様です。

　内科系のドクターに対しては、じっくりとドクターの意見等を聞き、時間をかけて調査し、きちんと調査結果の報告に伺うくらいの姿勢が大切です。1つひとつていねいに問題点を解決していくことが大切だと思います。ろくに調べもせず、その場で適当な説明で逃れようとしていたら、そしてもし回答が間違っていたら大変なクレームになることでしょう。

　一方、外科系のドクターに対しては、その場が一番大切になります。つまり、ドクターから質問等をされたその場で、最適な回答を瞬時に導き出すことが一番大切です。外科系のドクターに対して「後で調べて回答します」は、原則として通じないのです。

　当然、ドクター個々で性格等は異なりますが、事前にドクターの特徴をある程度つかんで対応することも大切かと思います。

　参考までに創業者のドクターと二代目・三代目のドクターともタイプは異なりますし、医療業界に長く携わっていると開業医向きのドクターか否か、またはドクターとして流行るタイプか否かがおのずと見えてくることと思います。

（小山秀喜）

# おわりに

　医業経営研鑽会会長の西岡秀樹先生との出会いは、私がコンサルタントとして独立する直前の2008年2月のことでした。

　西岡先生が講師を務めたセミナーに参加し、今まで聞いたことがない正確でわかりやすい話に目からウロコが落ちました。

　このご縁が医業経営研鑽会発足のキッカケになりました。

　私の医業経営コンサルタントとしてのレベルを高めるために、西岡先生とコンサルティング契約を結びました。

　ある日、西岡先生から「このコンサルティング契約をやめ、新たな研鑽の場を作りたいと思うが、どうだろうか？」という提案があり、2010年4月に西岡先生と私の2名で医業経営研鑽会を発足しました。

　当初は身内や知人に声をかけ会員を募っていましたが、しばらくするとインターネットを通じて会の目的に共感した会員が少しずつ増えていきました。

　医業経営研鑽会の目的は以下のようになっています。

　「本会は、病医院及び介護施設等（以下、医療機関という）に対する医業経営コンサルタントを本業として行う者の資質の向上を図り、正しい情報をもとにした知識を深め、その知識を実務で活かせるための見識を備える研鑽を重ねることで、自他ともにプロフェッショナルの医業経営コンサルタントであると認められる者になることを支援し、また会員が相互に協動することによってより多くの医療機関が良質な医業経営コンサルティングを受けられることを目的とする。」

　今回の本書執筆で、まさにこの目的に向かって研鑽会が活動し続けてきたことを再確認しました。

　毎月の事例研究会・教育研修会を通じ、さまざまな事例を疑似体験し、医業

経営に関するノウハウを得ることができました。そして、何よりも信頼できる専門家や企業の皆さんとのご縁ができたことが大きな財産です。

この活動を通じ、会員の専門分野やノウハウ、人柄まで知ることができるので、相談案件ごとにどの会員と協働すればよいのかがわかります。

そして、自分の得意分野に特化し、それ以外のことは専門の方にお願いするスタイルを作り、その結果、幅広くさまざまな案件にも対応できるようになりました。

本書では、私自身が行動し、経験し、変化してきたことを書きました。税理士の皆さんが医療機関の顧問先を正しく増やす力になりましたら幸いです。

医業経営研鑽会の書籍出版に伴い、会員は現在70名を超えるまでになりました。さまざまな分野で活躍している会員ばかりで今後が楽しみです。これからも会員の皆さんと共に研鑽を重ねてまいります。

2016年3月

医業経営研鑽会副会長
近藤隆二

## ■著者紹介

### 西岡　秀樹（にしおか　ひでき）

西岡秀樹税理士・行政書士事務所所長、医業経営研鑽会会長。昭和45年東京都生まれ。大原簿記学校在籍中に簿財２科目に合格。同校卒業後一度会計事務所に勤務するが平成６年に退職し、翌年の税理士試験で税法３科目に合格して税理士となる。その後医業経営コンサルタント会社勤務を経て平成12年に独立。平成22年に医業経営研鑽会を設立し、現在まで会長を務めている。著書に『税理士・公認会計士のための医業経営コンサルティングの実務ノウハウ』（中央経済社）、『医療法人の設立・運営・承継・解散』（共著）（日本法令）などがある。

### 近藤　隆二（こんどう　りゅうじ）

株式会社ドクター総合支援センター代表取締役、医業経営研鑽会副会長。昭和32年愛媛県生まれ。昭和55年株式会社リコー、平成４年ソニー生命保険株式会社を経て、平成20年医業経営コンサルタントとして独立。平成22年株式会社ドクター総合支援センターを設立、医業経営研鑽会設立に携わる。医業経営とドクターのライフプランを総合的・継続的にサポートするコンサルティングを行っている。

### 中島　由雅（なかじま　よしまさ）

中央税務会計事務所所長補佐、税理士・CFP®。昭和49年埼玉県生まれ。医療関係者を多く輩出している私立秀明高校卒業。平成17年税理士登録、平成21年CFP®登録。平成20年中央税務会計事務所入所。医業経営研鑽会所属。セミナー講師として、税務だけでなく幅広い内容のセミナーを全国各地で実施。著書に『なぜ名刺交換をしても仕事につながらないのか？』（共著）（同友館）、『これ１冊で安心！　歯科医院経営の成功手法がわかる本』（共著）（あさ出版）がある。

### 小山　秀喜（こやま　ひでき）

税理士法人小山会計代表社員、公認会計士小山秀喜事務所代表。昭和31年長野県生まれ。明治大学商学部卒業。在学中に公認会計士二次試験合格。その後監査法人太田哲三事務所勤務（現　新日本有限責任監査法人）。昭和59年退職し、長野県上田市で会計事務所経営。医業経営研鑽会所属。「M&A及び事業承継」に関するセミナーを県内各地で開催。

## ■編者紹介

### 医業経営研鑽会

正確な知識、高い見識及び社会的責任感や倫理観を持ったプロフェッショナルと呼べる医業経営コンサルタント育成を目的に平成22年に設立された東京都新宿区にある任意団体。毎月第三金曜日に開催している事例研究会や教育研修会等を通して医業経営に関するさまざまな知識や情報を提供し、その知識を活かす見識を備えるための研鑽を積む機会を提供している。平成27年11月時点の会員数は73名。税理士、公認会計士、行政書士、弁護士、社会保険労務士、設計士、歯科医師、FP、医業経営コンサルタントなどさまざまな分野で活躍している者が会員となっている。

税理士のための
### 医業顧客獲得法

2016年6月1日　第1版第1刷発行

| | |
|---|---|
| 編　者 | 医 業 経 営 研 鑽 会 |
| 発行者 | 山 　 本 　 　 　 継 |
| 発行所 | ㈱ 中 央 経 済 社 |
| 発売元 | ㈱中央経済グループ パ ブ リ ッ シ ン グ |

〒101-0051　東京都千代田区神田神保町1-31-2
電　話　03(3293)3371(編集代表)
　　　　03(3293)3381(営業代表)
http://www.chuokeizai.co.jp/
印刷／東光整版印刷㈱
製本／㈱関川製本所

ⓒ 2016
Printed in Japan

＊頁の「欠落」や「順序違い」などがありましたらお取り替えいたしますので発売元までご送付ください。(送料小社負担)
ISBN 978-4-502-19021-6　C3034

JCOPY〈出版者著作権管理機構委託出版物〉本書を無断で複写複製(コピー)することは, 著作権法上の例外を除き, 禁じられています。本書をコピーされる場合は事前に出版者著作権管理機構(JCOPY)の許諾をうけてください。
JCOPY〈http://www.jcopy.or.jp　eメール：info@jcopy.or.jp　電話：03-3513-6969〉